AF411575

pregunta a tu ángel

CÓMO RECIBIR GUÍA ESPIRITUAL

RAIMON SAMSÓ

EDICIONES
INSTITUTO EXPERTOS

DISCLAIMER

Las opiniones y/o exposiciones del autor en este libro tienen solo una finalidad informativa o educativa y se basan exclusivamente en experiencias personales e investigaciones particulares del autor. Las propuestas de este libro no son para aplicar a terceras personas.

El autor de este libro no se dedica a la terapia ni a la salud.

Si usted padece alguna dolencia, acuda a su médico y su terapeuta de confianza, infórmese y siga las instrucciones de personas colegiadas y autorizadas.

Las propuestas presentadas no deben sustituir en ningún caso la consulta médica al especialista (doctores, naturópatas, dietistas y terapeutas acreditados).

El editor no comparte necesariamente los criterios y propuestas del autor. Tampoco ha comprobado ninguno de los métodos que el autor expone en su obra.

índice

La transformación es superior a la información. Escribo y publico libros bellos que transforman vidas. No me conformo con libros que informen de algo que se olvidará —en su mayor parte— a los pocos días. Pretendo transformar (no informar) al lector que, al convertirse en lo aprendido, nunca olvidará lo leído. No porque lo recuerde, sino porque lo es. Escribo bajo inspiración angélica desde 1995.

Raimon

introducción

¿Alguna vez tuviste una corazonada, no la seguiste, y después lo lamentaste?

Si fue así, tal vez es que escuchaste el susurro de tu ángel de la guarda o el mensaje de tus guías espirituales. En realidad, se trataba de un mensaje de Dios que quiso apoyarte a través de sus mensajeros —los ángeles— y los ayudantes de estos —los guías—. No debes sentirte culparte por ello, en aquel entonces aún no sabías cómo preguntar a tu ángel y escuchar sus mensajes. Vamos a remediarlo a través de esta lectura.

La Divinidad nos ayuda y nos *habla* de mil y una maneras a través del lenguaje de las coincidencias y del *susurro* de tu ángel custodio. Pero nada de eso llegará a ti si antes no preguntas a tu ángel o solicitas ayuda a tus guías espirituales y estás plenamente presente para identificar señales y mensajes.

Un problema que percibo una y otra vez a mi alrededor es que la gente se siente sola, muy sola, incluso se siente abandonada a su suerte, huérfana espiritualmente, a merced de los avatares de este mundo incomprensible. Viven en un mundo *desangelado* ¿Estás de acuerdo?, ¿Es este tu caso?

Sé que mucha gente no cree en los ángeles y eso me entristece porque hay mucha ayuda disponible con solo pedirla. No necesitamos luchar duramente para hacer nuestros sueños realidad, solo necesitamos colaborar con nuestros ángeles.

Pero hay algo que los ángeles quieren que sepas. Voy a explicártelo con mis palabras: la idea es básicamente que puedes vivir o bien en un mundo *desangelado* o bien en uno *angélico*, tú decides. Aunque si has elegido esta lectura, es que ya tomaste una decisión y reclamas tu derecho a ser ayudado por tu ángel guardián; si no, ¿por qué estarías leyéndolo?

Según una encuesta realizada en EE.UU. el 70% de los estadounidenses creen en los ángeles. La creencia en los ángeles no se limita solo a las personas religiosas. De hecho, un 33% de quienes creen en ángeles no profesan ninguna religión. Esto indica que la creencia en ángeles trasciende las religiones.

Otras fuentes revelan que la proporción de personas en el mundo que creen en los ángeles es de la mitad nada más (o nada menos). Y en consecuencia, hay dos *clases* de personas caminando sobre este planeta:

1. Personas *con ángel*.
2. Personas *desangeladas.*

¿A qué grupo perteneces?

Aunque todo el mundo nace con su ángel de la guarda, las personas *con ángel* viven una vida espiritual, se enfocan en sus metas y confían en el cosmos (universo consciente) o en un poder superior sea de carácter religioso o no. O quizás confían en su ángel, para que les inspire y ayude a conseguir sus deseos y la clase de vida a la que aspiran. Se sienten acompañadas, lejos de esa soledad insoportable que es la supuesta separación espiritual de la Fuente.

Las personas *desangeladas* creen que deben conseguirlo todo por su cuenta, no viven una vida espiritual sino materialista, luchan denodadamente; y a muy a menudo, sufren. Se sienten solas y abandonadas. Pero mientras nos sintamos aislados de nuestra esencia divina, el alma sufrirá ese aislamiento anhelando la verdad, volver a *casa* y la ayuda celestial.

Los ángeles no solo están presentes para ayudarnos, sino —y más importante— para asistirnos en el viaje de vuelta al Amor, a nuestro auténtico hogar espiritual en el otro lado el día que dejemos atrás esta encarnación. Nunca estamos solos, nuestro ángel de la guarda no se separa ni un día desde que nacemos hasta que renacemos en la realidad al otro lado.

He escrito este libro para las *personas con ángel* porque las *personas desangeladas* no creen ni remotamente en los ángeles y por esa razón se privan a sí mismas de esa infinita fuente de sabiduría y apoyo.

En el cosmos rige una ley conocida por la «Primera directiva», que establece que nadie puede intervenir, ni siquiera para ayudar, a quien no solicite ayuda. Es una ley cósmica que garantiza la «Ley del libre albedrío». Los ángeles no pueden intervenir en el curso de nuestro destino sin permiso. Para *escuchar* a tu ángel, pregunta a tu ángel. Sus respuestas siempre vienen precedidas de una petición, pues nunca dan consejos no solicitados, no se inmiscuyen en nuestra vida.

Pide ayuda y deja tus problemas en sus manos, déjate ayudar, porque vas a acceder a una sabiduría mucho más elevada que la humana y que tiene soluciones perfectas. Si puedes ayudarte con la Divinidad, ¿por qué razón habrías de apañarte a solas? La experiencia humana es demasiado complicada como para ir por libre.

Descubrirás que tu Creador no se ha desentendido de ti y que nunca lo hará. Un Padre amoroso nunca abandona a sus criaturas por eso creó un plan para cada uno de nosotros, y ese plan cuenta con un ángel de la guarda. Un «plan perfecto» existe para ti, solo di «sí, adelante» y comprobarás como las soluciones de Dios superan por mucho a las del ego.

Podemos creer que el resultado imaginado es precisamente lo que deseamos y lo queremos sí o sí; pero nuestro equipo celestial tiene la ventaja de contar con una perspectiva más elevada y cuando nos abrimos a un desenlace *made in heaven* el resultado es siempre mejor a lo esperado.Aquí va una noticia alentadora: no necesitas hacer méritos para recibir el apoyo de tu equipo celestial. No es obligatorio que ocupes tiempo en prácticas religiosas, rituales u oraciones. El respaldo espiritual es un derecho inherente solo por haber nacido.

No tienes porqué vivir está vida desvinculado de la Fuente creadora, a solas. Este no es el plan a menos que insistas en *ir por libre* o *por tu cuenta y riesgo*. Los ángeles están esperando que los invitemos a ayudarnos. Que no veamos los ángeles no significa que no existan. Los ángeles se parecen a las ideas: aunque no sean visibles, tenemos certeza de su realidad. Tu ángel, en este momento, está a un pensamiento de distancia. Basta pensar en él para que te abrace.

¿Hay alguien que pueda prescindir de la guía de un *sistema de GPS espiritual*? Yo desde luego no, el mundo es demasiado complicado como para tener que salir adelante sin apoyos.

Por favor, déjate ayudar, deja que la Fuente divina organice y coordine los detalles de tus intenciones benevolentes. Tu vida será más fácil y todo será más sencillo.

¡Piensa en lo genial que sería tener el respaldo de la inteligencia divina!

Pregunta a tu ángel, te responderá. Su trabajo eres tú. No tiene otra misión más que ayudarte y protegerte.

Mi anterior libro: «Hay un ángel a tu lado» tuvo una gran acogida y se convirtió enseguida en un libro muy valorado. Eso es señal inequívoca de que este es un tema que interesa ampliamente y del que se busca mayor conocimiento. El presente libro trata de contestar las muchas preguntas que surgen cuando se aborda este tema y de ahí su formato de «píldoras angelicales». Y también es eminentemente práctico para trabajar con tu ángel.

El mensaje más importante de este libro es: somos muy amados y estamos protegidos pero necesitamos un curso urgente para saber pedir y recibir ayuda divina. Pero no te confundas, no pedimos para mostrarles a nuestro ángel lo que deseamos. Él ya sabe que deseas y también qué necesitas, pero no puede intervenir sin que lo invites a apoyarte.

El contenido de este libro es diferente al contenido de mi anterior: «Hay un ángel a tu lado». No hay transposición de información; aunque coinciden algunos conceptos básicos para situar a las personas que no han leído mi primer libro sobre este apasionante tema.

Los tres primeros capítulos están dedicados a la consulta y los tres últimos al cambio. Esta lectura es un curso rápido de espiritualidad y cuando apliques lo que te enseñaré, cambiará tu vida. Entonces, estarás seguro de que tu ángel camina junto a ti, guiándote y protegiéndote en tu vida. Lo sentirás muy real. No volverás a sentirte solo y abandonado nunca más. Y contarás con el apoyo de tu «consultor angelical» además de un método para mejorar tu vida en todos los aspectos (la «sanación con péndulo»).

Comprobarás que repito procedimientos y conceptos y ello está hecho adrede. La repetición es la base del aprendizaje y repetir conceptos es además señal de su importancia.

Hay mucha información sobre este tema, incluso alguna es contradictoria, así que valida siempre un libro antes de leerlo con el método que te enseñaré aquí. Yo validé este manuscrito con radiestesia, obteniendo un resultado en el percentil del 90% de veracidad. Por supuesto, mi mente inconsciente, mis creencias, mi experiencia, mi percepción subjetiva... distorsionan la verdad objetiva del contenido. Por ello te pido que contrastes todo lo que sigue con tu experiencia y te quedes con lo que sirva.

Para escribir este libro simplemente pregunté a mi ángel de la guarda —y a mis guías de la escritura— y después escribí lo primero que vino a mi cabeza. Un segundo antes de escribirlo no sabía qué escribiría, simplemente abrí mi mente y dejé que las plumas de sus respuestas cayeran en mi mente o sobre el teclado de mi ordenador.

Plumas sobre el teclado, palabras en la pantalla.

Es un proceso creativo que he seguido en muchos de mis libros. Simplemente me pongo delante del ordenador sin que necesite saber qué voy a explicar. Eso fulmina el «bloqueo de la página en blanco» porque ese no es mi problema, sino el de mis guías de la escritura. Entonces, pregunto a mis guías y ellos descargan grandes cantidades de información comprimida en un archivo que yo descomprimo en mi mente y traduzco a mi idioma sobre la marcha.

Si vas a leer otros libros de ángeles, ten en cuenta que un autor solo puede escribir desde el nivel de conciencia que tiene, pero no más allá. Si el escritor vive desde ego y la mente superficial, sus escritos lo reflejarán. Tal vez no haya mala fe, sino falta de profundidad, o a lo mejor se quedan en conceptos teóricos sin contrastar.

Lector, este libro va a ser un gran éxito editorial porque mi ángel me lo anunció con la repetición de la «hora espejo» 21:21 (suma 42) que en numerología significa «éxito del proyecto». Este libro es además el libro número 42 en mi carrera de escritor. Las casualidades no existen.

Y ahora veamos qué tienen que decirnos al respecto los ángeles...

Raimon, autor.

«Si quieres entender el Universo, piensa en términos de energías, frecuencia y vibración»,
Nikola Tesla.

«El sonido será el futuro de la medicina»,
Edgar Cayce.

«Cuando los hechiceros llaman al propósito, él acude y señala el camino de la realización, por eso los hechiceros siempre consiguen lo que se proponen»,
Carlos Castaneda.

«Consigues lo que tienes intención crear estando en armonía con el poder de la intención responsable de toda la creación»,
Wayne W. Dyer.

Este libro está dedicado al Dr. Royal Raymond Rife y a la Dra. Ruth Drown quienes descubrieron, hace un siglo, sendas terapias vibracionales y energéticas que curan absolutamente todas las enfermedades y que por ello fueron encarcelados y destruidos como profesionales y personas por la Farmafia.

Este es un libro para responder tus preguntas. Cada respuesta de tu ángel es como una pluma caída a tus pies: Una pregunta, una pluma, un mensaje.

pregunta a tu ángel

Radiestesia con péndulo asistido por tu ángel

pregunta a tu ángel

En este capítulo introduciré una de mis metodologías preferidas para consultar a los ángeles. Se trata de una de las variantes de la kinesiología que busca el conocimiento intuitivo mediante el uso de técnicas como: el *test muscular y la radiestesia y, dentro de esta,* el *péndulo.* La radiestesia (*radius esthesis,* significa «sentir la radiación») es un método de consulta energética que se utiliza desde hace milenios para hacer lecturas espirituales.

Los seres humanos sentimos las radiaciones de nuestro entorno: la tierra, el cielo, las cosas, los seres vivos y las personas. Pero como hemos olvidado el estilo de vida que nos hacía sensibles a ellas, ahora utilizamos herramientas —como el péndulo— para medirlas y avaluarlas.

Vamos a trabajar, además, con los ángeles de la guarda y los ángeles guardianes de los «registros *akashicos*» o recuerdos de la humanidad en todas las líneas de tiempo pasadas, presentes y futuras.

La «lectura espiritual» asistida por ángeles y utilizando el péndulo, nos va a revelar la información codificada en nuestro campo de energía, así como en los registros *akashicos* de los que también son guardianes los ángeles. Para conseguirlo, simplemente haremos preguntas muy concretas para obtener respuestas.

Trabajaremos como «zahoríes espirituales». La palabra de origen árabe *zahorí* significa «aquel que ve lo oculto» refiriéndose a los buscadores de aguas subterráneas y vetas de minerales. Nosotros buscaremos la verdad.

Los seres humanos emitimos una luz que es mil veces más débil de lo que nuestros ojos pueden percibir. Esa luz, o radiación electromagnética, ha sido detectada por investigadores japoneses —Masaki Kobayashi, Daisuke Kikuchi y Hitoshi Okamura (Instituto de Tecnología de Tohoku, Japón)— quienes capturaron el fenómeno utilizando una cámara sensible llamada CCD (dispositivo criogénico de carga acoplada) que puede ver y medir esta luz de baja intensidad.

Por otro lado, el péndulo también emite luz, o radiación electromagnética, e interactúa con nuestra luz personal (aura) y la del entorno (chi). Y la luz, querido lector, es información.

En nuestro proceso de consulta, utilizaremos herramientas muy simples: un péndulo y buenas preguntas. Mediremos todo ello con una codificación para el sí/no —para las preguntas cerradas— y plantillas biómetros —para las preguntas abiertas. Vamos a convertir los bloqueos en bendiciones y vamos a trabajar con la luz de esta densidad para consultar la Luz de la Fuente.

Pero antes veamos qué dicen los ángeles.

<u>Los ángeles responden</u>

Los ángeles somos los mensajeros de la Divinidad, el cordón umbilical con la Fuente Creadora. Somos la línea directa para sintonizar con la sabiduría. Somos los emisarios de Dios. Somos los rayos del Sol central.

Somos puro espíritu, tu «cordón umbilical» con la Fuente Divina, y nos comunicamos con vosotros a través del pensamiento y las emociones pero también podemos manifestar señales en el mundo material, como un libro, un evento, un símbolo o una señal.

Nosotros somos el hogar al que deseáis regresar porque solo allí os sentís plenamente amados. Somos vuestros protectores, vuestros guías y vuestros mensajeros de la Fuente Divina.

Somos aquellos para los que no existe ningún problema sin una solución —espiritual— definitiva y perfecta. Encontraremos el modo de resolver cualquier problema que nos entreguéis para ser resuelto.

Al aceptar la presencia de los ángeles en vuestras vidas, experimentáis una transformación profunda de ver el mundo. Lo que antes atribuíais a la buena suerte, a la alineación de los astros o al azar, a partir de ese momento se revela como la sutil y poderosa influencia de vuestros mensajeros celestiales.

No nos confundáis con vuestro Ser Superior, el cual es vuestra identidad más perfecta y real o alma. Los ángeles no somos vuestro Ser Superior, somos emisarios. Estamos a medio camino entre vuestra alma y Dios.

No penséis que os alejamos de Dios. Él nos envió al rescate porque vuestra frecuencia está tan lejos de la suya que nosotros, los ángeles, actuamos como un puente, un estadio intermedio. Y, aun así, nuestra frecuencia angélica sigue estando muy lejos de la de muchos humanos.

Os pedimos que elevéis vuestra frecuencia para hacer más fácil nuestro trabajo como emisarios y, en última instancia, hacer incluso innecesario nuestro trabajo de acercaros al Creador y tener «línea directa con Dios».

Os conocemos desde el día en que nacisteis, somos cercanos, no necesitamos guardar las distancias, lo sabemos todo de vosotros, mas incluso de lo que imagináis. No hace falta guardar las formas entre nosotros, ni hay necesidad de entrar en explicaciones, tampoco podemos mantener secretos.

Aquellos de vosotros que habéis abierto las mentes y corazones a los ángeles habéis pasado a experimentar una vida más lograda, llena de matices y mágica. Día a día comprobáis cómo un poder superior está dirigiendo vuestros pasos hacia la luz.

Cuando tomáis conciencia de nuestra existencia, entendéis que muy a menudo sois guiados por una sabiduría infinita que procura resultados benevolentes para todos los implicados. Lo que transmite mucha paz y confianza.

Nos apena que la mayoría de humanos vivan de espaldas a esta realidad espiritual y lidien con sus vidas desvinculados de sus guías, ángeles y maestros que tienen a su disposición.

Anhelamos formar parte de vuestro día a día. Nos gustaría que nos llamaseis y tuvieseis en cuenta que nuestro amor está siempre a vuestro lado, sin importar la situación. Incluso si creéis que no es más que producto de la imaginación. Nunca estamos demasiado ocupados para atenderos. La ley que queremos dejar muy clara es: Pide y te será concedido. Simplemente preguntad.

Vuestra mente os transmite nuestra ideas, palabras, imágenes y recuerdos. Vuestro corazón os transmite nuestras sensaciones, emociones, inspiraciones e intuiciones. Sabemos llamar la atención siempre que prestéis atención.

Tal vez os ayude a comprender que actuamos como «ondas del pensamiento» de Dios y que cada mensaje que os damos es un pensamiento de Dios que os entregamos en su nombre. Vosotros sois nuestra misión.

Todo lo que procede de Dios es un milagro, nosotros solo somos mensajeros de la divinidad, de modo que sus mensajes son la puerta a los milagros en vuestras vidas. Y estamos a vuestro lado para manifestarlos.

Los ángeles no os abandonamos nunca y somos para siempre. Sabemos que algunos de vosotros estáis tratando de entrar en contacto con vuestro ángel porque... ¡eso mismo es lo que estamos intentando nosotros!

Los ángeles estamos a vuestro lado para ayudaros a sanar vuestra vida, os invitamos a pedir ayuda sin importar si creéis merecerla o no. Dios os ama y nosotros somos emisarios de su amor.

Os hemos estando ayudando desde siempre. Todo eso que llamaréis suerte y coincidencias felices se debió a nuestra intervención. Una vez que empezáis a ser conscientes de nuestra existencia, reconocéis nuestros mensajes sin achacarlos a la casualidad.

La gente dice que las plumas son de los pájaros. ¡Desde luego que sí!, pero… ¿quién crees que mandó esos pájaros a la puerta de vuestras casas o al alféizar de vuestras ventanas? ¡Lo hicimos nosotros para daros una señal física de que estamos cerca de vosotros!

La próxima vez que una pluma se cruce en vuestro camino, pensad que tenéis ayuda disponible; pero por respeto, no podemos anticiparnos a vuestra petición de ser ayudados. Sabemos cómo soplar a un ave para que una de sus plumas llegue a vuestros pies.

Muy poca gente puede vernos y no lo consiguen todas las veces. Pero todos podéis ver nuestras señales con los ojos del alma. Tenéis que aprender el sutil lenguaje del amor más allá de vuestros cinco sentidos. El mundo de los cinco sentidos es muy diferente al de los seis sentidos.

Algunos nos ven cómo esferas de luz o como un fugaz halo brillante que cruza sus vidas para resolver mágicamente situaciones complicadas. Otros escuchan susurros, murmullos que les hablan con unas pocas palabras… Incluso podemos llegar a gritar en situaciones de riesgo.

Una señal no es un mensaje, es más bien la confirmación de que estamos a vuestro lado, nada más y nada menos. Es un saludo interdimensional para que sepáis que estamos a vuestro lado, atentos a vuestras necesidades. No confundáis mensaje y señal. La señal es para que sepáis de quién procede el mensaje.

Para aprender el lenguaje de las energías o frecuencias vibratorias, os podéis entrenar a diario poniendo atención en las sensaciones que con las personas, situaciones y lugares que frecuentáis. Tratad de identificar la energía espiritual de personas y situaciones. Todo le habla al corazón cuando está atento.

Hacemos todo lo posible para llamar vuestra atención y daros señales de nuestra existencia. Nos agrada que os comuniquéis con nosotros, así podemos cumplir con nuestra razón de ser de forma más plena. Nos apena cómo muchos no hacen caso de nuestras señales y descartan nuestra ayuda por falta de fe.

Pero os diremos que detrás de los símbolos repetitivos, las casualidades significativas, las coincidencias extrañas, y las plumas en vuestro camino… estamos nosotros: los ángeles guardianes. ¿Quién sino? Cuando todo eso ocurra: un ángel está a vuestro alrededor y os procurará protección y ayuda.

Ahora tenéis que entender que no estáis solos, que nunca fuisteis abandonados en este mundo a vuestra suerte y que sois muy amados por vuestro Creador. Contáis, desde luego, con su apoyo que os ayudará en cada paso sobre la Tierra.

Solo cuando comprendéis que no podéis prosperar por vuestros propios medios, reclamáis la ayuda espiritual disponible. Y ese pequeño gran cambio marca un antes y un después en la travesía mundana.

Ahora que sabes cómo somos nosotros, echad un vistazo a cómo vivís vosotros: unos lleváis una vida angélica y otros desangelada. Los ángeles nunca dejan de estar dispuestos pero los humanos no siempre están dispuestos a reconocer a sus ángeles. Son dos formas de vivir muy diferentes.

Para las personas con una vida angélica, nuestros consejos cuentan y nuestra ayuda está muy presente en el día a día. Para el resto, somos un mito, un mero concepto religioso o directamente un personaje de cuento.

Las personas *desangeladas* siempre se preguntan: «¿Cómo hacerlo/conseguirlo/tenerlo?» Pero las *personas con ángel* no se preocupan por el *cómo*, hacen lo que pueden y saben, y nos dejan a nosotros el resto. Nunca preguntéis «cómo», pues es algo que se revelará por el camino. Esperad nuestra ayuda cada día de vuestra vida.

Los deseos no necesitan un «cómo», sino amor y compromiso, además de aceptar la ayuda de los ángeles. Cuando recibáis una buena idea también recibiréis uno o más medios para manifestarla. Y creed que esos medios son mucho más efectivos que los que podáis rumiar a solas.

Vivir con los ángeles es lo mismo que entregarse a la «vía intuitiva». A partir de ese momento ya no tenéis que lidiar con las dificultades a solas. La vida es más sencilla cuando os dejáis guiar por la intuición que es nuestro susurro, y las decisiones son más fáciles.

La meditación es la herramienta de conexión espiritual más poderosa que disponéis. Meditar es escuchar en medio del silencio, es hacer espacio y trascender la tercera dimensión. Y de eso se trata, de conectar con los maestros angélicos en una o varias octavas de frecuencia superior.

Preguntad a vuestro ángel. Os enviaremos una lluvia de señales. A veces, en un libro, otras en una película, o en una conversación casual, o en una canción, o en un anuncio… Allí donde piséis pondremos señales; y donde miréis, respuestas.

Las respuestas siempre llegan cuando menos se esperan. Pueden parecer solo imaginaciones o que no tienen que ver con nada. Pero de pronto, adquieren sentido y el tiempo las valida como acertadas. Os confunde el espacio-tiempo que es inexistente para nosotros los ángeles: no hay separación entre el problema y su solución.

Cómo llevar esto adelante

✓ Una *vida con ángel* es más mágica y lograda que una *vida desangelada*. ¡Qué amarga debe resultar una vida alejada de la magia angelical!

✓ Los ángeles nos dejan señales aquí y allá utilizando diferentes «lenguajes». Los ángeles te guiarán a la solución de todos tus problemas pero es tu tarea resolverlos. Nadie hará tu trabajo por ti, eso sería quererte muy poco.

✓ La «vía intuitiva» es seguir la inspiración angelical. Aquello que has llamado «intuición» durante toda tu vida, y que no sabías cómo explicar, es la respuesta del ángel de la guarda. Las respuestas llegan cuando menos lo esperas, es como descubrir una nota anónima firmada con un corazón, dirigida a quien corresponda.

✓La intuición es una respuesta visceral a tus pensamientos, es una respuesta inesperada a un pensamiento, intención, situación, etc. Las intuiciones, así como el péndulo, el test muscular de la kineosología y el detector de mentiras... responden todos al estímulo de verdad/falsedad.

✓Hay muchos modos de conectar con tu ángel, la meditación y la oración son los más sencillos y poderosos. Invita a tu ángel guardián a que se una a ti en tu meditación. Visualiza cómo tu ángel se sienta a tu lado. Siente la vibración elevada y amorosa de su presencia. Imagina su luz, su olor, su calidez... pregúntale.

✓La meditación con ángeles proporciona paz interior, aumenta la intuición y eleva la frecuencia vibratoria. Visualiza su luz a tu alrededor, es la *firma energética* de tu ángel. Al elevar nuestra frecuencia vibratoria, sintonizamos y posibilitamos la conexión angélica. Ellos descenderán y nosotros ascendemos para poder encontrarnos en un punto medio.

✓ Antes de preguntar a tu ángel, haz a un lado al ego incrédulo que cree que son imaginaciones. Acompaña con la imaginación a tu ego al lugar que más le guste (una cafetería, un centro comercial, un concesionario de automóviles...) y déjale allí para que no estorbe.

✓ Mi mejor consejo es anotar todo lo que te venga a la cabeza cuando estás preguntando, tenga sentido o no en ese momento. Anótalo en tu «cuaderno angelical», después habrá tiempo para interpretar y entender. Y ten siempre en cuenta que las respuestas pueden ser metafóricas, literales o simbólicas.

✓ La radiestesia es una herramienta de *alquimia espiritual* y de comunicación con los campos de energía sutiles desde donde puedes equilibrar: mente, cuerpo y espíritu. Se vale de un péndulo.

✓ Usa uno de latón o de madera (se auto limpian) antes que uno de cristal o de cuarzo cuya limpieza es más compleja. El péndulo, como tú, necesita limpieza energética. Utilizar un «péndulo cargado» de energías intrusas puede proporcionar una respuesta equivocada.

✓ Los péndulos son un instrumento que se ha usado desde hace miles de años por diferentes culturas y tradiciones. Úsalo como un *lápiz angélico*. La sabiduría no está en el instrumento espiritual —el péndulo—, sino en la chispa divina que reside en ti que se conecta con la Fuente. El péndulo solo es el instrumento ya que la respuesta, o el resultado, siempre provienen del Amor. Todos los milagros provienen del Amor en última instancia.

✓El péndulo se utilizaba en la India y Egipto. Radiestesia significa «sesitividad radiante» y mide las energías sutiles, no visibles a los ojos. Su función es reactiva y no hace nada por sí mismo. Considéralo como un «portal» entre las dimensiones material y éterica. La radiestesia es una práctica dentro de la kinesiología.

✓Cuando una respuesta es necesaria de inmediato, el péndulo —o el test muscular de la kinesiología— es una solución instantánea. Son dos artes que aplican la «respuesta muscular» —fuerza o debilidad— ante un estímulo. Son dos métodos irrefutables. La debilidad siempre significa falsedad, y la fortaleza, verdad. La gran ventaja del péndulo es su inmediatez y sencillez de uso. El principio es sencillo: traduce la vibración en movimiento y el movimiento en respuestas/resultados (según si lo usamos para consultar o para sanar).

✓Los péndulos más eficientes para nuestros fines son los de latón, madera y cerámica pues no se cargan de energías ambientales como sí hacen los de cristal de cuarzo. Los péndulos egipcios (metálicos, alargados y con punta, emisores y receptores) son muy eficientes: Orion, Isis, Osiris, Isis-Osiris, Karnak (Thot). La forma del péndulo determina las diferentes frecuencias con las que conecta y emite. Estos péndulos no se cargan de las energías circundantes.

✓Mi preferido: el de Karnak o Thot (el sabio protector de los escribas), es de una enorme sensibilidad y por eso indispensable. Por su emisión constante, recomiendo no llevarlo encima y desensamblarlo cuando no se use. No es necesario limpiarlo energéticamente, se autoregula, pero sí al menos al recibirlo. El actual péndulo de Karnak o Thot es una réplica exacta del amuleto que fue hallado por el gran radiestesista francés Bovis en Egipto, en el misterioso Valle de los Reyes, durante la década de 1930.

✓Al consultar a tu ángel mediante una pregunta, obtienes una respuesta. Pero al pedir un resultado a tu ángel, insertando un decreto, cambias tu vida. La radiestesia te sirve para hacer preguntas, la «sanación con péndulo» te sirve para hacer cambios en tu vida.

✓La gran pregunta es cómo transferir la información de la mente subconsciente, o de los archivos akhásicos, a la mente consciente. Aquí es donde entra en juego el poder de la radiestesia: ¡lo hace visible con el movimiento del péndulo! Esta es la función de la radiestesia: mostrar la verdad. Y también reestructurar la realidad cuando lo usamos para sanar.

✓Es posible que hayas oído hablar de la «prueba muscular» (la verdad fortalece los músculos, la falsedad los los debilita). Es tan irrefutable que algunos terapeutas, quiroprácticos y psicólogos, lo utilizan.

✓En Internet (www.lettertorobin.org) encontrarás el pdf gratuito: «Carta para Robin: Cursillo de radiestesia con péndulo» por Walt Woods, para poder comprender la radiestesia con un folleto corto y bien resumido.

✓El péndulo tiene básicamente cuatro movimientos: «sí» balanceo arriba y abajo, «no» balanceo izquierda-derecha, «limpieza» giro manecillas del reloj y «equilibrado» giro contrario del reloj. Si además se usan «biómetros» (gráficos para péndulo), las posibilidades son infinitas.

✓Practicar la radiestesia es *ver* y *transmutar* lo invisible. No puedes ver la energía, ni las frecuencias de vibración. Pero sí puedes ver el movimiento del péndulo. Tampoco sabes cómo solucionar tu desequilibrio energético, pero puedes activar el poder de tu intención con un decreto y pedírselo a tu ángel.

✓No te recomiendo hacer preguntas para predecir el futuro. En primer lugar, ahora mismo existen diferentes opciones de futuro, o líneas de tiempo posibles, que no están escritas en la piedra o en las estrellas. Al no *existir* el futuro, no emite ondas y por tanto no hay nada que detectar. Y en segundo lugar, creer en el *destino* predeterminado anula el libre albedrío, tu derecho más sagrado de crear a voluntad el propio devenir.

✓Siempre he pensado que hacer preguntas predictivas del futuro atrae energías negativas del bajo astral que quieren jugar y engañar a personas de buena fe y demasiado crédulas. Si entregas tu poder alguien va a adueñárselo. Ser poderoso es elegir el futuro y después trabajar para que sea una realidad, con la ayuda de tu ángel y guías espirituales.

✓Como esperas una guía para hacer buenas preguntas, sigue estas sencillas pautas:

- Pide siempre guía divina a través de tu ángel de la guarda.
- Formula preguntas claras, concisas, sencilla, cortas.
- Pregunta sobre el pasado y el presente, no sobre el futuro.

- Pregunta asumiendo libre albedrío y pleno poder personal.
- Haz una pregunta cada vez.
- No hace falta preguntar lo mismo una y otra vez.
- Incluye siempre el beneficio de todos los implicados.

✓Una vez hecha tu pregunta, confía en que llegará a destino y volverá de regreso con la respuesta adecuada en plazo, forma y contenido. Aguarda desde la confianza, sin apegos, sin rastrear tu destino con impaciencia, sin albergar dudas, sin obsesionarse, sin expectativas, sin tensión. Lo que es tuyo no se puede perder nunca y lo que es seguro para ti no se puede malograr.

✓Como en cualquier arte, la práctica lo es todo. Cuanto más usas el péndulo, más rápido se pone en movimiento y con más precisión. Saber hacer preguntas es otro arte, la precisión refina las respuestas. Saber formular decretos poderosos es también otro arte, la intención refuerza los resultados.

Raimon

Amados, no imagináis cuanto amor está disponible a vuestro alrededor. Nunca os dejaremos solos, siempre estaremos cerca, a un susurro de distancia.

pide ayuda a tu ángel

Los ángeles se comunican contigo desde siempre y de la manera más adecuada en cada momento. Deja los medios que utilizan a su criterio, tú simplemente haz espacio a tu ángel de la guarda en tu vida y pon presencia a sus señales y mensajes.

Los ángeles pueden transmitirnos sus mensajes a través de imágenes, sensaciones, sueños, palabras, números (horas espejo), sincronicidades, incluso voces. ¿Dónde? En cualquier lugar: conversaciones, sueños, meditaciones, libros, escritura, barajas, lecturas con péndulo, películas, anuncios... Es lo que has llamado intuición toda tu vida sin saber qué era exactamente ni de donde procedía.

¿De dónde proceden las intuiciones? De la Divinidad (Dios, Fuente, Creador...).

¿Cómo llegan a nosotros? A través de los ángeles mensajeros (de la guarda o custodios, arcángeles...).

¿Cómo acceder a su ayuda? Pidiéndola sinceramente y estando presente a señales y mensajes.

¿Hay algún método sencillo para pedir ayuda? Sí, el «Método milagroso de los tres pasos» que nos enseñarán.

¿Cómo sabré si un mensaje es fidedigno? Por la sensación de paz y amor que sentirás.

No se trata de imaginaciones, ni de simples coincidencias, sino de mensajes simbólicos que ocurren en momentos concretos por motivos concretos. Son *mensajes de la Divinidad*, *cartas o postales del cielo*, *mensajes del cosmos*, *avisos angélicos*, que llegan a ti a través de los ángeles que actúan como mensajeros. Y para recibir toda esa ayuda solo tienes que pedirla ni siquiera hay que ganársela.

Pero antes veamos qué dicen los ángeles.

Los ángeles responden

Hay quienes creen que solo se debe pedir ayuda en los asuntos importantes de la vida. A los ángeles nos interesa desde lo más superficial a lo más profundo. A nosotros nos encanta serviros incluso en los asuntos insignificantes porque no tenemos el sentido de la prioridad. El amor ama sin orden.

Pedidnos ayuda cada día, no importa en qué. Es nuestra función más sagrada la cual queremos cumplir. Vosotros sois nuestra misión. No temáis molestar, estamos aquí para servir. Si no nos pedís ayuda, no podemos cumplir con nuestra misión. Ponednos a prueba en esto y en lo otro, aquí y allí, ahora y siempre.

Los ángeles mantenemos comunicación con vosotros de una manera no verbal. El lenguaje que usamos se adapta. Es tanto externo, a través de señales que debéis aprender a descifrar; como interno, mediante la voz interior de la intuición. Los mensajes no se procesan con la mente, sino que se reciben y se entienden con el corazón.

La intuición es la habilidad para conectar con nosotros gracias a la elevación de la frecuencia vibratoria. Cuando acercáis vuestra vibración a la del amor, se produce la comunicación angélica que llamáis *intuiciones*. El amor os une a nosotros y a la Divinidad.

El secreto para comunicarse con nosotros, los ángeles custodios, radica en saber escuchar tanto vuestro interior como el mundo exterior que os rodea, manteniendo los ojos y el corazón abiertos a nuestra presencia. Si estáis presentes veréis señales por todas partes.

Como soléis necesitar un método, aquí va uno: el «Método milagroso de los tres pasos». Primero, pedid un deseo, una ayuda, una solución o un milagro. Segundo, confiad al cien por cien en que será concedido y que sabremos cómo hacerlo. Y tercero, agradecedlo por anticipado y desapegaros del resultado. ¡Esto es suficiente para empezar!

Seguid el método de los tres pasos. Es muy sencillo y no es necesario complicarlo más. No es encantamiento, no es un ritual, no es «mediumidad»… No os compliquéis: uno, dos y tres. Dios siempre escucha y responde; y nosotros somos los mensajeros en ambos sentidos.

Un milagro es un resultado que carece de explicación. Su explicación, el cómo, no es asunto vuestro, es nuestro. Nosotros, los ángeles, somos el cómo. Si os preguntáis «cómo sucederá tal cosa» es que no nos habéis invitado a crear un milagro.

Trabajar con nosotros para conseguir vuestros sueños es una gran idea. Organizamos los milagros que solo el amor puede lograr. Cuando es preciso, dejamos espacio a los guías espirituales que os asistirán puntualmente en una diversidad de asuntos mundanos.

Orar es un dialogar con los ángeles custodios. La forma y el contenido de la oración es lo de menos. Sea corta o larga, aprendida o improvisada. Lo que cuenta es la intención lo cual es mucho más importante que las palabras. Una oración es una petición intencionada que abre el corazón a la respuesta inspirada en el amor.

Preguntar es otro modo de iniciar el diálogo y es un arte en sí mismo. Las buenas preguntas obtienen respuestas sabias en correspondencia. Las mejores preguntas son las abiertas, concretas, sencillas, formuladas desde la humildad y sin tratar de manipular las respuestas.

Preguntar qué hacer o qué sucederá no son buenas preguntas. Mejor pedid inspiración, perspectivas y sabiduría para tomar vuestra mejor elección y después actuad. Pedid guía —o señales claras— para discernir y saber elegir con sabiduría. Los ángeles no actuamos como niñeras sino como maestros. Somos una guía en vuestro viaje.

Pedir es el acto especifico de elegir un deseo y pedirlo con el corazón, no con la mente. Que sea positivo, concreto, claro, detallado, grande, deseado, completo, honesto, perfecto… No pidáis a medias o vagamente o sin confianza. Vuestra intención pura es nuestra materia prima.

Confiar es la certeza en el resultado, saber que el pedido al cosmos ha sido oído, registrado y aceptado. La confianza se demuestra con cero dudas acerca del resultado final. Sea lo que sea lo pedido, dadlo por hecho, sabed que el Amor crea los milagros mundanos y es el creador del cosmos.

Agradecer es el cierre energético que catapultará los dos pasos anteriores, es la fuerza del amor en acción que arropa los milagros. El agradecimiento cierra el círculo virtuoso de los «deseos cumplidos» que no pueden no ocurrir. Agradecer es tan sencillo como decretar tres veces «gracias» con una amplia sensación de confianza.

También os ayudará a conectar con nosotros abrir el corazón para dejarse ayudar. Orad y pedid a Dios, meditad y haced espacio, escuchad con atención plena las intuiciones, después escribid nuestros mensajes. Cuanto más espacio y tiempo nos concedáis, mejor y más fluida será nuestra colaboración.

No menospreciéis la fuerza del lenguaje verbal. Vuestra solicitud ganará velocidad si la expresáis en voz alta. Emplear la voz contribuye a focalizar la mente en la intención. Las palabras que articuláis son más poderosas que si solo las pensáis.

Trabajad en el poder de la intención y nosotros activaremos el poder de la manifestación. Somos un equipo y necesitamos vuestra colaboración para conseguir lo que llamamos «milagros predecibles» porque están garantizados.

La respuesta vendrá en algún momento. Solo prestad atención, viviendo desde la presencia. La respuesta puede llegar en forma de intuición o como un mensaje a través de una persona conocida o una casualidad, también usamos los números en códigos. Podéis escuchar una voz interior, podéis tener intuiciones, podéis tener premoniciones, puede aparecer gente de la nada y deciros las cosas más asombrosas…

Poned especial atención a lo que podría parecer coincidencias, por más triviales que parezcan, y confiad en las enseñanzas de vuestros guías espirituales. Vuestro mayor problema es un juego de niños para vuestros ayudantes espirituales. Os hablaremos a través del leguaje de las casualidades significativas y de la intuición interior.

Nuestra *voz* es tan sutil que está más allá de las palabras, el sonido, las emociones o el pensamiento… Haremos que creáis que nuestro mensaje son vuestras propias ideas. Y no sabréis ni cómo se os ha ocurrido lo que pensáis. Primero, os inspiraremos antes de actuar. Después, os guiamos mientras actuáis.

La comunicación angélica no es como en el mundo material a través de los sentidos, sino energética. Puede concretarse en una sensación, una emoción, una visión, una intuición… no esperes siempre una palabra o una voz, sino una sensación.

Solicitad al cosmos que haga realidad vuestros sueños, mientras sois capaces de mantener una actitud desapegada del resultado, es un logro espiritual de alto nivel pero a la vez es una condición necesaria para que hagamos nuestro trabajo.

Si sucumbís a la necesidad y la desesperación, os desconectáis de nosotros y de la Divinidad; y entonces la magia se rompe. Trabajamos juntos en una frecuencia compatible, a medio camino, que se describe con la confianza.

La intuición es la vía para lo que necesitáis saber. Es como un susurro tan delicado que no puede oírse, pero deja rastro del perfume de una rosa en el corazón. Utilizad el corazón como guía y la intuición os llevará sin error a la manifestación.

Para pedirnos ayuda bastará con formular una pregunta, recitar una oración o pedir ayuda divina. No se requiere ninguna ceremonia, imaginería o ritual. Podéis usar imágenes en un altar angélico pero en realidad no hace falta. El amor siempre escucha y responde. Este es el compromiso Divino.

Somos mensajeros de Dios, sin nombre, pero sabemos que os ayuda elegir uno. Nos divierte que nos asignéis un nombre mundano. Lo importante es que usar la palabra elegida sirva de desencadenante para nuestra comunicación. Más allá de si es el nombre *verdadero* o no.

Cuando pidáis ayuda, guía u orientación, hacedlo en voz alta. El sonido es una vibración física y vosotros buscáis resultados en este mundo físico.

Nos comunicamos siempre con vosotros; pero si vibramos en frecuencias muy alejadas, nuestra señal os será imperceptible. Si no oyes nuestra voz, te enviaremos un libro con respuestas, como el que estás leyendo ahora.

Es difícil recibir asistencia angélica si estáis en la desesperación, el enfado o la ira. No podemos comunicarnos en esa longitud de onda discordante de tan baja frecuencia.

Cread un «instante de paz» en vuestro corazón y las preguntas serán escuchadas y respondidas.

Si queréis que entremos en contacto, tenéis que hacer que vuestro campo energético —vuestros pensamientos, sentimientos y emociones— sean lo más parecido a la dimensión angélica. Nos sentimos a gusto con la energía amorosa, pero no entendemos la agresividad.

Para elevar la vibración os servirá *respirar* el color dorado, rodearos de un aura violeta o abrazar la luz del amor. Eso es lo que significa pedir un «instante de paz» y por esa única razón, recibirlo de inmediato.

Pedid desde la confianza, desde la fe. Pedid esperando una respuesta segura. Nunca dudéis de nuestra existencia, ni de nuestra voluntad de escuchar y nuestra capacidad para ayudar. Hemos estado siempre a vuestro lado para serviros.

Atended a las señales y las casualidades significativas. Escuchad la voz silenciosa de la inspiración y la intuición. Cuando nos tomamos de la mano es del todo imposible perderse, os llevaremos a la salida del laberinto.

Cuanto más pidáis, más os entrenareis para sintonizar con nuestra frecuencia y más fácilmente os recibiremos y reconoceréis nuestros mensajes intuitivos con el lenguaje de las señales y los milagros.

Hablamos con el lenguaje de las coincidencias que es el leguaje de Dios del cual somos mensajeros. Parte de nuestro trabajo es inspirar a los creativos a incluir mensajes en sus libros y películas para después mostrarlos a las personas que necesitan recibirlos. Las coincidencias no ocurren por casualidad.

Otra vía de comunicación que nos gusta utilizar es la imaginación. Ponemos en vuestras mentes: ideas, visiones e imágenes que conducen el futuro que deseáis manifestar. Cocreamos juntos.

Para comunicarnos con vosotros, nos agrada utilizar vuestros recuerdos para enviarnos una imagen —rescatar una vivencia — o conmover vuestro corazón —activar una sensación— o intervenir en vuestro sueño para que despertéis con una certeza.

Si queréis ganar confianza y asegurar vuestras peticiones, podéis empezar por hacer peticiones *fáciles* en asuntos cotidianos y después avanzar a asuntos más *complejos* e importantes. Para nosotros no hay diferencia pero para los humanos sí.

Algunos de vosotros selláis una petición con este poderoso mantra: «Gracias, gracias, gracias». La energía del agradecimiento —de elevada vibración— sella el deseo en el mundo de la forma. Recordad siempre firmar vuestros «encargos al cosmos» con la gratitud, la cual no es para nosotros sino el amor que los impulsa.

El agradecimiento es una forma sencilla de elevar vuestra vibración y entrar en «cobertura angélica». La gratitud limpia vuestras auras y «vórtices de energía» —*chakras*—, para convertiros en «antenas receptoras» de bendiciones sin fin. Y el *chakra* corona, el de más alta vibración, es el portal de comunicación con nosotros y los espíritus guías.

Después de formular vuestra petición, sed pacientes. Estamos trabajando en organizar muchas cosas a la vez para poder manifestarla. No os confundáis por su demora o por el aspecto que toma en su forma. ¡Buscamos que sea lo mejor!

Lo mejor para cada uno no coincide siempre con las preferencias. Tened en cuenta que nosotros somos emisarios de la Divinidad, no del ego, así que sabemos bien lo que más os conviene en cada momento.

Algunos mensajes son muy claros y otros son ambiguos. Hay que entender que la lógica espiritual no es igual la lógica mental. Tratad de entender con el corazón y no con la cabeza. No solo habitamos dimensiones diferentes, sino que nuestras frecuencias también lo son y la comunicación es frágil.

Por vuestra parte, ayudadnos abriendo vuestra conciencia a recibir ayuda. Pedid que el oído interior se abra, que la visión interior se agudice, que el corazón atienda las sensaciones, que la mente relacione sucesos externos con procesos internos… Nosotros estamos ahí, detrás de todo eso.

Muchos nos piden que les revelamos cuál es su misión de vida o su propósito vital aquí en el planeta Tierra. No podemos revelarlo, pero podemos dar pistas para que lo averigüéis por vuestra cuenta. No siempre lo que pedís es lo que conseguís, pero siempre hay una buena razón para ello.

Cuanto más trabajamos juntos, más sencillo y rápido es el proceso. Queremos ser vuestro ayudante diario y no puntual. El hábito refuerza la conexión.

<u>Cómo llevar esto adelante</u>

✓Preguntar y pedir activa el principio universal de: «Pide y se te dará». Con eso basta. No hay peticiones desatendidas pero sí hay respuestas que no os gustan. No hay preguntas sin respuesta pero sí hay distracción y falta de atención.

✓No te cortes al preguntar desde lo más trivial a lo más trascendental. Tu ángel no ve la diferencia. El tamaño de los problemas, grandes o pequeños, es una ficción del ego. Ellos no ven diferencias de *tamaño* en nuestras tribulaciones.

✓Recibirás mensajes internos y externos, y deberás aprender a descifrarlos desde el corazón para relacionarlos con los retos de tu vida. La forma que adoptan los mensajes es variada e importa poco pues siempre se adecua a la situación.

✓Cuanto más elevada sea tu frecuencia, más inteligencia intuitiva tendrás y más sencilla será la comunicación. Vibrar desde el amor te acerca a los ángeles y vibrar desde el miedo te aleja. Es una decisión personal que depende de ti.

✓La presencia plena es una actitud personal que activará tu intuición para ver señales en todas partes y recibir mensajes cuando sea necesario. Estar presente en cada momento y lugar activa la antena a los mensajes angélicos.

✓Sigue el «Método milagroso de los tres pasos»: pedir, confiar y agradecer por anticipado. Es mano de santo ¡o de ángel! Haz espacio a la magia en tu vida y verás su rastro aquí y allá. No es que antes no estuviera, es que la ignorabas. Contar con un protocolo de consulta ayudará. Y es también importante hidratarse bien antes de la sesión para ser un mejor *conductor*.

✓Una oración sencilla, corta, incluso improvisada, abrirá tu corazón a la ayuda angélica. La intención lo es todo. No necesitas sortilegios o encantamientos rituales, formula peticiones con tus propias palabras, hazlo fácil y directo.

✓Pregunta el nombre de tu ángel guardián; lo primero que venga a la mente (sea una imagen o una palabra o un símbolo) será el nombre adecuado. Una vez conocido, bastará con llamar a tu ángel, pronunciar su nombre, para establecer comunicación. Pero también bastará con pensar en el ángel guardián para que acuda en tu ayuda al instante cuando requieras su presencia.

✓No necesitas saber cómo ocurrirá tu milagro. Los milagros son expresiones del amor y el amor tiene infinitos caminos. Vive desde esa frecuencia de vibración y los milagros serán algo normal en tu vida. Considera que las respuestas que recibes son las adecuadas antes que las esperadas. Y sabe que a su tiempo, todo encajará como un puzzle ante tus ojos adquiriendo sentido.

✓Cuando pidas ayuda, no te quedes a medias, ni te hagas rebajas tú mismo; sé atrevido y pide la Luna si es preciso. ¿Sabes cuántas lunas hay en el universo? La escasez no existe, salvo en las mentes separadas o egóicas.

✓Para vivir desde la gratitud, firma energéticamente tu pedido, para ello basta con repetir el mantra/oración «Gracias» tres veces. Cierra tu pedido con la energía de la gratitud, ese es el *franqueo* perfecto para que tu mensaje al cosmos llegue a destino.

✔A veces, tu pedido a la «cocina cósmica» se servirá con una *salsa* diferente pero igualmente sabrosa. Tu ángel hace lo que puede con los *ingredientes* que tienes. No siempre obtienes lo que quieres pero siempre consigues lo que necesitas.

✔Conozco varios instrumentos (péndulo, cartas, escritura, meditación) para la comunicación angelical pero la magia no la hacen estos instrumentos espirituales, sino el amor. En este libro me centraré en uno. En efecto, trabajaremos con el péndulo según los principios de la radiestesia porque es efectivo y sencillo.

✔Para evaluar tu progresión lleva un cuaderno para tomar notas. Es una buena idea crear un «cuaderno de ángeles y guías» donde anotar los mensajes con su fecha y repasarlos de nuevo para ver cómo, con el paso del tiempo, los mensajes toman relevancia y ganan sentido. Las piezas del puzzle tendrán significado cuando se unan, no por separado.

✔Más adelante, cuando la consulta a tu ángel sea un hábito, podrás hacerlo en cualquier parte, en cualquier momento y sin usar una herramienta como el péndulo. Ello es posible hacerlo apretando la lengua contra el paladar. Si no dispones de un péndulo, puedes hacer el mismo trabajo con la lengua por lo que puedes consultar un sí/no en cualquier momento y lugar. Si al preguntar, mientras presionas tu lengua contra el paladar, notas que esta se siente débil, es un «no»; si se siente fuerte, es un «sí».

✔Como esperas un método sencillo, ahí va un protocolo de consulta angélica:

- Respira profundo.

- Relaja tu mente y tu cuerpo.
- Visualiza tu brillante aura protectora.
- Conéctate con el Amor Infinito de la Divinidad.
- Llama a tu ángel por *su* nombre.
- Pide la señal de identidad a tu ángel guardián.
- Pregunta y pide respuesta.
- Queda presente y haz silencio mental, aguarda.
- Cierra la consulta y da las gracias.

✓En tus consultas, nunca preguntes si *debes*…, si *tienes* que…, si te *conviene*…; porque nadie ordena a nadie desde el amor. Buscas guía, no instrucciones. Necesitas inspiración, no imposición. Las buenas respuestas a menudo abren nuevas opciones. Tu derecho al libre albedrío te permite elegir entre diferentes opciones y ejercerlo es tu deber y responsabilidad. Tu ángel de la guardia nunca se molestará contigo porque no seguiste su guía, sabe que necesitas experimentar tu libertad por encima de todo. El amor nunca se impone.

✓La prueba de la «señal de identificación» es fundamental cuando trabajas en el ámbito de las energías. Tienes que asegurarte que has conectado con el ámbito espiritual (alta vibración) y no con el ámbito astral (baja vibración). Y la forma de conseguirlo es establecer una «señal de identificación» (siempre la misma) y pedirla a tu ángel cada vez que hagas consulta angélica o «sanción con péndulo». Pídesela: «Muéstrame ahora tu señal», sin describirla, es como una contraseña de seguridad.

✓Sabrás que recibes mensajes de origen divino y no de otra fuente extraña cuando sientas: inspiración, paz, felicidad, bondad, motivación, positividad, optimismo, unión, elección, consuelo… Sin presión, sin juicios, sin órdenes, sin complicaciones, sin mal rollo, sin tratos. Valora cómo te sientes durante la consulta para confirmar la procedencia de la información. Cuando conectas con la Luz, sabes que lo recibido es verdad, sin saber cómo lo sabes, simplemente lo sabrás. Así opera la intuición que no es otra cosa que comunicación angélica.

✓Desconfía del origen de cualquier respuesta obtenida que perjudica a alguien, es perturbadora, carece de sentido, halaga el ego, condiciona la ayuda, genera confusión y dudas, induce a la culpa, roba tu energía, intimida, desanima, amenaza, negocia, victimiza, controla… Nada de eso proviene del Amor. El amor no presiona de ninguna forma.

✓Si aún te queda alguna resistencia a la comunicación angelical, de seguro proviene de la «programación predictiva» del infame Hollywood que ridiculizó, con Harry Potter, la magia blanca teatralizada con el uso de una varita mágica y complejos encantamientos en latín. Y la verdad es mucho más simple: un simple y barato péndulo, una afirmación positiva en tu idioma y la petición de ayuda a tu ángel de la guarda. Las élites dueñas del mundo no quieren que lo sepas porque serías demasiado poderoso y de ahí la programación mental fantasiosa del cine. Descuida, yo te voy a revelar como hacerlo fácil y fidedigno.

Raimon

La intuición —o sexto sentido— es otra forma de pedir nuestro apoyo para hacernos sentir acompañados en vuestras decisiones, pero no es otra cosa que la voz de los ángeles.

crea un equipo de guías maestros

En este capítulo descubrirás las diferencias entre los ángeles de la guarda (espíritus puros, elevados) y los guías espirituales (espíritus sabios, ilustrados), cuáles son sus funciones, su origen y como te pueden ayudar de diferente manera.

Imagina organizar una «junta directiva de guías espirituales» copresidida por tu ti y tu ángel de la guarda. ¿No sería genial? En esa sala de reuniones estaría represado el saber universal sobre asuntos mundanos y más allá. Todos los *consejeros* aportarían soluciones a tus desafíos y saldrías de la reunión con una lista de soluciones y compromisos que implementar en tu vida.

Esta es la idea de trabajar con el «equipo espiritual» formado por tu ángel y tus guías maestros.

Vas a identificar el tema prioritario a resolver y convocarás a los guías espirituales que son especialistas, sabios, en ese tema en concreto. Visualizarás una reunión, antes de irte a dormir, con tu «equipo espiritual» para plantear tus desafíos del día y pedirles inspiración para resolverlos por la mañana. Plantearás tus preguntas y necesidades, antes de dormirte asume el cumplimiento perfecto de tus deseos.

Lo que ellos te comuniquen, te muestren, te enseñen… es cosa suya, para eso les convocas. Fluirás con lo que se presente en los días sucesivos y todo se desenvolverá a la perfección.

Pero antes veamos qué dicen los ángeles.

Los ángeles responden

Dios tiene pensada una vida mejor para vosotros y utilizará el susurro de los ángeles para haceros saber cómo alcanzar esa vida mejor. Esa es nuestra misión.

Y para ello, la Divinidad va a utilizar: milagros, premoniciones, intuiciones, augurios, susurros, conversaciones, señales, sincronicidades, presagios, numerología, inspiraciones, símbolos, sueños, telepatía, visiones, coincidencias… para enviaros mensajes. Ese es el «lenguaje de Dios» que estáis aprendiendo ahora.

Tenéis un único ángel de la guarda (guardián) pero podéis disponer de ilimitados guías espirituales —que son seres que han encarnado antes— y que os pueden ayudar en asuntos específicos que dominan a la perfección: trabajo, salud, arte, finanzas, relaciones... Su función no es proteger sino guiar, por eso son «guías espirituales» y «espíritus maestros».

Imaginad poder disponer de una «cuadrilla celestial» dispuesta a protegeros y ayudaros en lo que necesites... pues a eso nos referimos: a un «equipo espiritual» altamente entrenado en milagros. Vuestros *guardaespaldas* y maestros personales.

Los ángeles custodios sabemos todo a cerca de vosotros, consideremos que os hemos visto nacer. Y no una vez, sino muchas; lo sabemos todo. Como los guías espirituales no saben todo, tenéis que ponerles al corriente, ser más específicos en las peticiones y ser más pacientes cuando tratan de ayudaros.

La gran diferencia entre ángeles y guías es que los primeros habitan una dimensión superior (celestial, angelical) y los segundos pertenecen al alto astral, en la cuarta dimensión. Las frecuencias son distintas, el origen también, además de tener funciones diferenciadas.

¿Cuál es el papel de vuestro Yo Superior en todo esto? La parte más sabia y profunda de cada humano es el portal para contactar con vuestro ángel y guías espirituales. Ocupa la frontera dimensional que une lo humano con lo divino. Y la meditación es la vía ideal para experimentar el Yo Superior.

La dimensión que habitáis delimita con otras y, dentro de esta, os deslizáis entre las doce densidades sutiles de vuestra dimensión. Desde luego, las densidades superiores están mucho más pobladas que la densidad material en la que habitáis. Las densidades espirituales están *habitadas* por asistentes celestiales.

No nos cansaremos de repetir que contáis con un gran sistema de apoyo espiritual y con diversidad de entidades en diferentes niveles espirituales. Y los ángeles de la guarda somos los protectores y principales guías. Nuestras alas son vuestro refugio.

Más que ser guiados a hacer esto o aquello, lo cual coartaría vuestra libertad, preferimos inspirar opciones. Y sois vosotros quienes las elegís al revelarlas. Prevalece siempre vuestra elección libre. No se os conduce a nada, se os muestra. Respetamos el libre albedrío.

Si no seguís nuestros consejos angélicos, no nos molestamos. Nunca damos órdenes, sino que mostramos opciones. Si tomáis una *mala* decisión, o desoís nuestros mensajes, seguiremos ahí para ayudaros a minimizar el *error*.

Del mismo modo, vuestros guías espirituales no pretenden dirigir vuestras vidas. Eso sería un atropello y una violación de la ley del libre albedrío que supone vuestro currículo de aprendizaje. Unos buenos padres siempre ayudan pero priorizan la independencia de sus hijos. ¡No pretendáis depender de vuestro ángel custodio o de los guías espirituales!

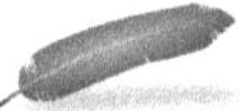

Cuando evolucionáis, vuestros guías evolucionan y se adaptan a vuestro nivel de vibración. Los guías van y vienen, son intercambiables. Siempre obtenéis la ayuda que podéis procesar a cada momento. No siempre tendréis los mismos guías espirituales. A mayor nivel espiritual, también es mayor el nivel de los guías maestros.

Tened presente que vivís en una densidad física de baja vibración.
A esta, le sigue la densidad astral de frecuencia más rápida — ya sea positiva o negativa. Sigue la dimensión del reino angélico que es el puente entre lo inferior y lo superior. Y más allá, están las dimensiones superiores del amor incondicional. Y por último la Fuente, la Divinidad que es la frecuencia del amor puro.

Los guías espirituales son almas evolucionadas que aprendieron las mismas lecciones en las que estáis ahora inmersos y os pueden ayudar a acelerar el proceso de aprendizaje. Su trabajo consiste en asistiros en vuestro aprendizaje y crecimiento espiritual en multitud de aspectos.

Al igual que nosotros, los ángeles guardianes, los guías espirituales no ofrecen su ayuda a menos que sea solicitada. Pedid, sería una lástima pasar por la vida prescindiendo del apoyo de un equipo de sabios consejeros para vuestros incontables asuntos mundanos.

Pedid ayuda de este modo: «Soy_______________ (nombre) y pido ayuda de mis guías espirituales/ángel de la guarda en _______________». Pondremos una solución en vuestro interior y el *juego* consistirá en descubrirla.

Simplemente compartid vuestros problemas con nosotros, como se hace con el mejor amigo. Y bastará con escuchar en silencio y estar atentos a los pensamientos que nosotros colocaremos suavemente en vuestra mente y corazón.

Podéis organizar un «equipo de apoyo espiritual» formado por vuestro ángel guardián y algunos guías espirituales. Tenernos presentes cada día y pedir ayuda en infinidad de cuestiones marca una enorme diferencia en la difícil experiencia humana.

Saber que la guía Divina está disponible siempre, no es suficiente para recibirla. Debéis solicitarla desde el corazón con un sincero anhelo, primero; y estar abiertos a recibirla de una y de otra manera, después. Este es el camino del corazón.

No invoquéis espíritus en canalizaciones, solo entregad vuestro dolor a los seres de luz, a los guías de amor infinito, benevolentes y evolucionados. Preguntad al guía si la ayuda proviene de Dios y del Amor infinito y después validad la respuesta obtenida con el corazón. Además, para vuestra seguridad, proteged el aura cada día y equilibrad vuestros *chakras* principales.

Todos tenéis acceso a un número ilimitado de guías ayudantes en diferentes asuntos y en diferentes momentos de la vida. Van y vienen según vuestro nivel de evolución, son cambiantes en las diferentes etapas de desarrollo. Algunos se mantienen durante toda la vida, otros asisten puntualmente en el tiempo.

Vuestro equipo de guías es como una «Junta General» de sabios o un «Consejo Consultor» espiritual. Imaginadlo como un Consejo de Dirección en el vosotros los humanos sois el director general y a los que pedís asesoramiento en los asuntos de vuestra vida.

Podéis pedir ayuda a los guías espirituales, en cualquier especialidad, según necesitéis en cada momento. El mundo espiritual os apoya en todo y a todo el que pida ayuda. Usad a vuestro ángel guardián para unas cosas y a los guías espirituales para otras. En última instancia, quien os apoya es el amor de Dios.

Tan solo pedid al cosmos (universo inteligente) que os conecte con los guías de mayor de sabiduría —que vibran en el amor y la luz pura— para crear resultados benevolentes para el mayor bien de todos. Esta es la forma de construir un vínculo con seres de luz que desean ayudar a los humanos.

Estableced, desde el primer momento, vuestra inequívoca intención de trabajar solo con seres de luz de alta vibración. Y la forma de conseguirlo es pedirnos protección a los ángeles guardianes para que solo entre en vuestra frecuencia guías espirituales amorosos de alta vibración.

Podéis reconocer a vuestro ángel pidiéndole una señal (que os toque, una sensación, una fragancia, un símbolo…). Esa señal será su firma o sello de autenticidad. Siempre que dudéis de la entidad que os responde, pedidle la señal física o reconocimiento que identifica a vuestro ángel.

Recomendamos empezar cada sesión de comunicación angélica con una breve oración o petición de protección espiritual. Esto ayudará a que no se cuele ninguna identidad negativa en la comunicación que trate de engañaros y juegue con vuestra buena voluntad.

Creer en la magia de los ángeles y los guías es como esparcir polvos mágicos, dejar caer halos de luz en las situaciones difíciles para que se conviertan en fáciles. La magia y los milagros ocurren sin que haga falta saber cómo se desenredarán las dificultades.

Esperad la sorpresa en las respuestas solicitadas. No tratéis que los ángeles y los guías estén de acuerdo con vuestras opiniones porque a menudo las cuestionarán. En lugar de tener expectativas concretas, abriros a su sabiduría. Vuestros guías tienen experiencia mundana; y por nuestro lado, los ángeles conocemos las respuestas a todas las preguntas del cosmos.

Una vez hecha la pregunta, la consulta, abandonaros a lo que surja en su momento. Es mejor confiar y dejar de pensar en ello, a sabiendas que el cosmos ya está trabajando en vuestro pedido. Las respuestas no tienen por qué ser inmediatas ya que llegarán de la manera más efectiva.

Qué gran verdad es el dicho: «Dios ayuda a quienes se ayudan a sí mismos». Nosotros, los ángeles y los guías espirituales, señalamos el camino pero quien debe andarlo sois vosotros. Después de la inspiración viene siempre la acción en concordancia.

La gran ventaja de vivir una vida angélica es que ya no hay que preocuparse por los *errores* cometidos ya que nosotros sabemos enmendarlos. Permitid a la inspiración del amor hacerse cargo de vuestros asuntos, relevad al ego. Llevad una vida espiritual y todos los asuntos materiales se ordenarán.

<u>Cómo llevar esto adelante</u>

✓Recibirás respuestas a tus preguntas, de una forma u otra, de la manera más inesperada… y siempre con el *lenguaje* del amor incondicional. La forma no importa. A medida que avances, comprobarás que se refine tu capacidad intuitiva de conexión angélica y será más intuitivo.

✓Los animales tienen la capacidad de detectar cambios de clima, geológicos, incendios, calamidades, peligros, incluso advierten el acecho de sus depredadores. Todos los cambios en el mundo físico son precedidos por manifestaciones energéticas en el ambiente. Tú has sido educado para prescindir de tu sexto sentido y en este libro harás lo contrario.

✓Tienes a tu disposición un ángel de la guarda para tu protección; e infinidad de guías espirituales para cada asunto que requiera de la ayuda de un maestro. No hay que ganárselo, ni hacer méritos, no hay favoritos, ni elegidos… Todos, sin excepción, contamos con la ayuda divina.

✓No trates de *caerle bien* a tu ángel, o de ganarte su favor, o de convencerle, o de negociar con él… Tu ángel trabaja para tu alma no para tu ego. Lo sabe todo de ti y estará disponible incondicionalmente, hagas lo que hagas. No trates de engañarlo o de marcar distancias, la honestidad lo es todo.

✓La frecuencia vibratoria de los ángeles es superior a la de los guías espirituales, tienen funciones diferentes pero todos desean ayudar desde el amor sin condiciones. No puedes elegir ser un ángel, pero sí podrías aspirar a convertirte en un guía espiritual después de desencarnar.

✓Tu Yo Superior, o ser real, es el interlocutor con tu ángel, por ello la meditación es tan eficaz para establecer comunicación angelical. La vibración del ego es infructuosa pero la del alma es exitosa en la comunicacion angelical.

✓Puedes disponer de una «cuadrilla espiritual» o «dream team» para crear un equipo de apoyo enviado por Dios. Imagina contar con semejante equipo de asesores. Arropado por ellos ¿qué no podrías conseguir?

✓La radiestesia es algo subjetiva, eso quiere decir que quien la practica suele influir en las respuestas a menos que se mantenga neutral, lo cual no es sencillo en lo referente a los asuntos propios. Los deseos personales interfieren en los resultados, así que habrá que trabajar desde la equidistancia y la neutralidad.

✓Cuando preguntes, no te apegues a *tus* respuestas. Ten por seguro que las *suyas* son más acertadas que las *tuyas*. Una cosa es lo que *quieres* y otra lo que *necesitas*. Pregunta desde la neutralidad, sí, ¡incluso de tus propios problemas!

✓Haz tu pregunta y luego relájate, confía, da por segura la mejor respuesta y no la que te gusta más. Sé paciente, se está *cocinando* tu petición. La buena *cocina* requiere su tiempo de *cocción* perfecto. Todo se sabrá, todo llegará en el momento en que no pueda fracasar.

✓Establece una «firma energética» que identifique a tu ángel para asegurarte que conectas con quien es debido. Eso es una señal, como una contraseña, y debes pedirla a tu ángel. Una vez recibas la señal de identificación de tu ángel, haz tu consulta.

✓Los ángeles de la guarda (espíritus puros, elevados) son perfectos y provienen de la presencia de Dios, son amor puro. Los guías espirituales (espíritus sabios, ilustrados) son espíritus desencarnados que eligen enseñar y ayudar, son maestros.

✓No aceptes conexión ni ayuda de nada que vibre por debajo de estas dos *categorías*. El resto son almas apegadas a la dimensión material por falta de conciencia, culpa y vergüenza, apegos a personas y cosas, identificación con el ego, asuntos inconclusos, donación de órganos, contratos oscuros, etc.

✓La vida deja de ser tan complicada cuando la vives desde la vía espiritual y te dejas ayudar por todo el apoyo que el cosmos ha dispuesto para ti, como los ángeles. Si tu vida ha sido *desangelada* hasta la fecha, ábrete a su ayuda y prepárate para la magia angélica.

Raimon

Los ángeles guardianes ofrecemos
protección. Los guías espirituales y maestros
desencarnados, os proporcionan consejos y
enseñanzas en asuntos prácticos que os
importan. Somos tu equipo de guías hecho
en el cielo.

PARTE DOS
pide sanación a tu ángel

Sanación con péndulo asistido por tu ángel

cómo transmutar la realidad

En este capítulo, nos centraremos en la transmutación de los resultados con la ayuda de los ángeles y el método de la «sanación con péndulo». En esta parte del libro no vamos a hacer consultas, ni a preguntar, sino a crear cambios a mejor en todos los temas que puedas imaginar.

Haciendo un símil informático: si en la primera parte aprendiste a *buscar información* en un navegador de Internet, en esta segunda parte vas a *instalar programas* auspiciosos que borrarán los programas perniciosos, además de pasar un *antivirus* para limpiar tu sistema (energético). Otro símil: si en la primera parte ocupamos del *diagnóstico*, en esta parte nos ocuparemos del *tratamiento*.

Aquí empieza el trabajo de limpieza y transmutación energética para mejorar lo que consigues de la vida en cualquier campo. En esta parte del libro, el uso que daremos al péndulo será la transmutación de las energías que gobiernan nuestras vidas. El concepto «transmutación» será sinónimo de corrección, modificación, cambio, implantación…

El método propuesto utiliza la emisión de energía del péndulo para cambiar y mejorar resultados en todas las áreas de la vida. Es como orar para el cambio y la sanación de los patrones energéticos que crean los resultados. El péndulo envía, emite, una orden o un «cuaderno de instrucciones» para la sanación, corrección y transmutación.

No hay resultados seguros, pero aumentaremos las probabilidades de conseguir un resultado deseado. Aunque, si las posibilidades de que algo ocurra son cero, un aumento podría no ser suficiente.

Dado que el péndulo trabaja en modo *transmisor* de energía electromagnética, podrás emitir a distancia (*teleradiestesia*) más allá del espacio-tiempo. Aprenderás a sanar las causas de los problemas a distancia, para otras personas, y también a eliminar las causas de problemas en tu pasado, a través del tiempo.

No podemos cambiar lo que sucedió en el pasado, pero sí podemos desactivar los traumas antiguos que siguen creando efectos o problemas en el presente, ya provengan de etapas anteriores de la vida personal como de vidas anteriores.

En los capítulos anteriores, hemos trabajado con el péndulo en modo *receptor* (consulta o preguntas), pero en los capítulos siguientes trabajaremos en modo *emisor* (sanación o transmutación). Para ello usaremos el péndulo junto a decretos intencionados, siempre con la ayuda del ángel custodio.

Vamos a iniciar un viaje alucinante para limpiar patrones negativos e instalar otros positivos con la ayuda de tu ángel. Haremos un trabajo de «detox energético» a través del tiempo hasta este día, un *reset*, una puesta a punto de tu sistema de vórtices y aura para deshacerte de los patrones que bloquean tu vida y crean sufrimiento innecesario.

Ahora vas a saber cómo trascender bajas energías, disolver patrones bloqueantes, transmutar bajas vibraciones, eliminar malas influencias, modificar patrones de vida, elevar la percepción, solucionar problemas de todo tipo, acceder a altas energías, ascender a la siguiente densidad dimensional; en definitiva, elevar tu vida y tu consciencia.

Pero antes veamos qué dicen los ángeles.

Los ángeles responden

Hay algunas personas, son casos muy especiales, que ven a los ángeles desde la infancia, les es natural conectar con entidades espirituales. Tienen facultades psíquicas avanzadas (clarividencia) sin duda; pero si sois personas corrientes, podéis utilizar herramientas para conectar con nosotros como la meditación y otros métodos sencillos.

Nosotros, los ángeles guardianes, somos el *instrumento* que utiliza el Creador para ayudaros en esta experiencia espiritual.

¡Incluso vosotros los humanos sois un instrumento del Amor en esta densidad!

Todo milagro procede del Amor; aunque pueda parecer que es creado de la nada en el mundo de la forma. Solo el Amor es creativo y puede cambiar cualquier resultado material o transformar la percepción de la realidad, lo cual en sí mismo ya es un milagro.

Lo que a los humanos os parece un acto de magia; para nosotros, los ángeles custodios, son regalos de la Fuente Creativa.

Os pedimos que no adoréis a ningún ídolo, que practiquéis ninguna clase de magia ritual… tan solo convertiros en una herramienta del Amor en la densidad de la materia. El Amor tiene todas las respuestas a todas vuestras preguntas.

Dentro de cada ser humano reside una semilla divina, la chispa de Dios, que os bendice con la asistencia de los ángeles y, lo más importante, ¡conseguir ayuda!

Toda pregunta dispone de una respuesta para que la energía de la primera se equilibre con la de la segunda. Toda pregunta, una vez formulada, ha de encontrar su respuesta perfecta, no importa si tarda o si ha de cruzar el universo entero. Es la ley del equilibrio Ying-Yang.

Un decreto intencionado requiere un resultado tangible para que la energía del primero se equilibre con la del segundo. Todo decreto, una vez formulado, ha de encontrar su manifestación perfecta, no importa si tarda o ha de cruzar el universo entero. Es la ley del equilibrio Ying-Yang.

Cuando decretáis «Yo soy...» en esencia estáis declarando «Dios dentro de mí es...», atraéis aquello que sigue a esas palabras. Al afirmar: «Yo soy la sanación», estáis reconociendo que Dios, en vosotros, incrementa vuestra capacidad de sanación más allá de lo que el organismo podría.

Las preguntas que se formulan al Creador obtendrán su respuesta perfecta y los decretos conseguirán su resultado tangible. Usadnos a nosotros los ángeles como mensajeros de las respuestas y resultados divinos que necesitáis. Preguntad, decretad… y os entregaremos vuestras respuestas y resultados del Dios creador.

Cuando queráis equilibrar vuestros *chakras* o limpiar vuestra aura o un espacio en casa… bastará con pedirlo. Cuando pidáis libraros del dolor que habéis absorbido de otras personas y acarreáis como propio, borraremos todo eso.

Entregaros al Amor perfecto, haciéndolo así no podéis fallar. Permitidnos ayudaros, seremos los mediadores ante el poder que crea los milagros predecibles y las respuestas infalibles.

Sois hijos del Amor, vuestros padres fueron solo un *instrumento* para experimentar este mundo. ¿Creéis que el Amor os abandonaría a vuestra suerte? De ninguna manera.

Sois muy amados ahora y siempre, recordadlo cuando perdáis la confianza. El Amor que os creó cuida siempre de vosotros siempre.

Buscáis una vida mejor y es hora de entender que todo se logra con una relación cocreativa con lo que es y será. Es decir, mediante la conexión espiritual con vuestros ángeles, guías espirituales y con la Fuente. Si suficientes personas en el planeta viven desde el amor, entonces podremos llevar el cielo a la Tierra.

Para resolver los problemas mundanos es necesaria una percepción desde el amor y no desde el temor. Dicho de otra forma, la frecuencia del amor es la sanación y la solución a cualquier problema creado por la falta de una frecuencia vibratoria elevada. El amor crea armonía y orden; su ausencia crea desarmonía y desorden. El amor es la fuente de toda sanación. Sanar significa resolver un error.

Escuchad al cuerpo, siempre habla de un modo u otro. Prestad atención a sus señales y necesidades. Alimentarlo, moverlo y descansarlo son actos de amor y respeto. Vuestro cuerpo os habla a cada instante, aprended a escucharlo y a darle lo que necesita. Es el *templo* donde habita el espíritu, tratadlo con amor por todo lo que hace para mantener el bienestar.

Conectaros con la naturaleza y seguid sus ritmos. La energía que proviene de la tierra, el aire fresco que proviene de la atmósfera y la luz del sol que proviene del centro de la galaxia… Son fuentes de sanación y rejuvenecimiento para el cuerpo humano. Este es el alimento que os sanará. Pisad el suelo con los pies desnudos, respirad profundamente cada tanto, tomad el sol cada día, bebed agua limpia…

Confiad en la sabiduría inherente del cuerpo para sanar. La naturaleza sabe muy bien qué tiene que hacer y lo hará si se lo permitís, está guiada por el Amor. Mantened la mente y el corazón en paz, y dejad que esta paz interior abrace cada célula del cuerpo. El amor en acción sana no solo el organismo sino cualquier situación. Sanar significa resolver un error y un error es la ausencia de amor.

La buena noticia es que si vosotros habéis creado un problema al no invitar al amor, también podéis resolverlo al llevarlo a la presencia del amor; y si no sabéis cómo hacerlo, vais a contar con nuestra ayuda.

Aquellos que resolváis un antiguo problema familiar, seréis el punto de inflexión para las siguientes generaciones en el linaje. Un punto y aparte.

Cómo llevar esto adelante

✓«Sanación» no es un concepto que use para referirme a la sanación física de enfermedades, sino para referirme a la recuperación energética, el bienestar anímico y mental y a la elevación de la conciencia. Todos necesitamos sanar heridas, bloqueos, recuerdos y experiencias que afectan a nuestro desempeño y felicidad. Y esta «reparación energética» ha de hacerse de forma regular debido a que cada día nos sometemos a nuevos desafíos.

✓La radiestesia utiliza el péndulo (además de otras herramientas que dejaremos de lado en este libro), para obtener respuestas a preguntas y localizar objetos perdidos u ocultos. Se usa con discreción para encontrar pozos de agua, minerales, petróleo y piedras preciosas. Trabaja en modo *receptor* de energía electromagnética. Puede recibir o captar emisiones más allá de la tercera densidad y de otras dimensiones.

✓Tanto las artes de la radiestesia (consulta) como la de «sanación con péndulo» (transmutación) utilizan esta herramienta de sanación metafísica. La primera lo hace con la pregunta a tu ángel, para consultar. La segunda lo hace con el decreto, a tu ángel, para transmutar la realidad al reequilibrar la energía subyacente de esa realidad. Ambas pues requieren de la ayuda del reino angelical. Si entiendes bien estas dos artes, su diferencia y coincidencia, entenderás perfectamente el contenido de este libro. Dos artes, un mismo instrumento con dos usos diferentes.

✓El péndulo puede convertirte en *psíquico* y mostrarte las energías sutiles del conocimiento interior. Todo problema se origina en el nivel de la energía primero y se manifiesta en la materia después. Tu campo energético se comunica con el «campo de todas las posibilidades» y con la Divinidad. Después, tu mente intuitiva, guiada por tu ángel, transmite el movimiento al péndulo para que responda o sane.

✓El péndulo utiliza un lenguaje sencillo: el movimiento oscilante además del giro en el sentido de las agujas del reloj y su contrario. Esta es la belleza de este instrumento psíquico, la simplicidad.

✓La oscilación vertical es un «sí», la oscilación horizontal es un «no».

✓El giro contrario a las agujas del reloj, sana; el giro en sentido de las agujas del reloj, transforma. Aprende a dar instrucciones al péndulo como: «Neutraliza...» «Elimina...», «Corrige...», «Sana...», «Limpia»...etc. Y también: «Transforma», «Armoniza», «Reequilibra», «Restablece»... El simple giro circular significa trabajo realizándose. Eso es todo.

✓Movimiento en el sentido de las agujas del reloj: reforzar, energizar, implantar, amplificar, mejorar, implantar, manifestar, modificar, desprogramar... Movimiento contrario a las agujas del reloj: limpiar, borrar, purificar, sanar, purificar, eliminar, disolver, reprogramar... Antes de construir lo deseado hay que deconstruir lo no deseado.

✓Una vez más, el lenguaje del péndulo es muy simple. Primero, el sí/no (balanceo de arriba a abajo o balanceo de izquierda a derecha) cuando preguntas. Segundo, la sanación (balanceo circular en sentido del reloj) y la transmutación (balanceo circular en el contra sentido del reloj). El simple movimiento del péndulo significa respuesta en marcha o sanación en marcha. Y se detiene cuando ha hecho su trabajo.

✓Esta herramienta espiritual, el péndulo, requiere de un período de acomodación. Su uso es sencillo pero eliminar el ego de la escena y ganar soltura requiere práctica diaria. Más adelante, con la práctica, el canal intuitivo se refuerza y no es necesario recurrir a herramientas. Lo cual viene muy bien en aquellas situaciones que no dispones de un péndulo o no puedes usarlo por discreción.

✓¿Por qué funcionan tan bien? Porque el cuerpo no miente, el campo electromagnético no miente… Todo está conectados a la inteligencia universal y por ello la información es instantánea, cuántica: respuestas y cambios inmediatos. Cuando cambia la energía, cambian los resultados.

✓El campo electromagnético del péndulo emisor se comunica con el campo de energía de las personas (eres una *radio cósmica*), del lugar, y también con el de la situación que deseas cambiar. La conexión es instantánea, más allá del espacio-tiempo, y su huella energética modifica las probabilidades de suceso de los resultados posibles. Cuando digo posibles no digo imposibles.

✓Todo se reduce a sustituir un viejo programa por uno nuevo más auspicioso y benevolente para el bien de todos los implicados. El giro del reloj *descarga* el nuevo programa (solución) en tu campo energético, el giro contrario al reloj *elimina* de tu campo energético el viejo programa (problema). Cuando se detiene, o se balancea, ambos trabajos están concluidos. Si se balancea arriba y abajo, te indica que el nuevo programa ya está instalado y que ya vibras en la energía de esa afirmación.

✓Algo se hará con el giro en el sentido de las agujas del reloj; algo se deshará con el giro en el sentido contrario a las agujas del reloj. Cuando se detenga o balancee de un lado a otro, el decreto ya habrá sido *enviado* al mundo de la forma. Repito, el giro contrario al reloj es sinónimo de sanación. Y el giro del sentido del reloj es la transformación. Cuando un péndulo se mueve en círculo, es señal de «trabajo en progreso» y hay que esperar a que se detenga para que pueda concluirlo.

✓Lo primero siempre es conectar con tu ángel de la guarda, crear una burbuja de protección a tu alrededor y pedir su ayuda para el trabajo energético a realizar. Trata de ser respetuoso, neutral con tus decretos, y dejar que el amor haga el milagro; además de ser agradecido ¡por anticipado!

✓La «sanción con péndulo» consiste en situar el péndulo sobre el plexo solar de la persona, o sobre una «tarjeta testigo» con el nombre de la persona (sin es a distancia), sobre la mano receptora (izquierda), o sobre la parte del cuerpo afectada por una disfunción... y dejar que el péndulo gire; cuando se detenga, el trabajo está hecho por el momento.

✓El péndulo simplemente se sostiene sobre la parte del cuerpo que precisa sanción y espontáneamente el péndulo girará hacia la izquierda purificando (eliminando) y/o hacia la derecha transmutando (añadiendo). Cuando se detenga, o se balancee de un lado a otro, el trabajo estará hecho por el momento. Puede repetirse este protocolo como refuerzo de estimulación energética, pero no de forma obsesiva y redundante.

✓Cuando emites decretos (afirmaciones positivas intencionadas) la frecuencia vibratoria queda registrada en la memoria de las células que almacenan esa información energética. Es así como se convierte en un programa. El péndulo se conectará al subconsciente para eliminar bloqueos no conscientes y creará nuevos programas que resuelven el problema. Un decreto proyecta la elevada vibración de una intención sobre una situación que precisa una reparación energética para transformarse.

✓Los resultados suelen tardar segundos, horas, días, semanas… en verse manifestados. Confía en que el trabajo necesario se hará incluso si no ves efectos inmediatos. La sanación en la causa energética es instantánea pero su reflejo en la dimensión de la materia se demora a veces.

✓La «sanción con péndulo» utiliza decretos (comandos o afirmaciones) combinados con el uso de la herramienta del péndulo y la petición de guía al ángel de la guarda. Los decretos son intenciones verbalizadas que han de materializarse en el mundo gracias a la fuerza de la intención y la fuerza del amor. La primera es cosa tuya, la segunda de tu ángel.

✓El péndulo puede eliminar la presencia de influencias externas, como entidades desencarnadas u otras energías negativas terrenales pero indeseables. Estas influencias pueden ser cercanas o remotas a distancia. Pueden ser una interferencia o un intento de manipulación o ataque. La solución es pedir a ayuda a tu ángel custodio para que neutralice ese «ataque psíquico».

✓Un «ataque psíquico» es la influencia energética propulsada por una mala intención dirigida a una persona que puede crear toda clase de sufrimientos. La mayoría proceden de personas envidiosas, rencorosas y egoístas que creen que su vida mejora si la vida de otros empeora. Protégete de las malas personas que se crucen en tu vida y envíales amor.

✓¿De dónde crees que viene la mala suerte? Aquellos que van de mal en peor, que su suerte se ha torcido y no se endereza, que van de un problema a otro, que no salen del agujero... son personas que están afectadas por personas, lugares, entidades o energías negativas de alguna clase. Y su suerte no mejorará hasta que no hagan una limpieza energética de su aura, objetos y espacios habituales.

✓Un «ataque psíquico» no es ninguna tontería. Siempre hay que protegerse de: *vampiros* energéticos, maldiciones, envidias, encantamientos de magia, entidades del bajo astral, amarres... Por suerte, toda intención negativa puede eliminarse con una intención positiva en el plano energético. A dónde va la mente, le sigue la energía. Y la metodología que aprenderás en esta parte te ayudará. Pide que toda intención negativa dirigida a ti sea neutralizada con el apoyo de tu ángel y el uso del péndulo. En Recursos encontrarás decretos para tal fin.

✓Recomiendo siempre empezar una sesión de consulta/sanación con péndulo con una oración a tu ángel, tus guías o a Dios. Y terminarla con otra oración. Este inicio y cierre espiritual de la sesión sella la protección energética para evitar conectar con entidades indeseadas.

✓Ten encuentra que además de las energías psíquicas y espirituales de otras personas, pueden actuar las «energías nocivas» debidas a un lugar con geopatía (existen diversos tipos de energías con influencias tanto nocivas como benéficas). Una geopatía es un vórtice de energía baja o enfermiza que emana de la Tierra y afecta a los seres vivos. También pueden influir los campos magnéticos terrestres, el agua subterránea, emisiones electromagnéticas por ondas y campos eléctricos de los edificios, tanto de origen humano como natural.

✓ Las entidades negativas pueden crear debilidad al robar la energía y, en consecuencia, una dolencia crónica. También pueden modificar el carácter de la persona que las arrastra en su aura. Esta causa inconsiderada debe ser la primera sospecha cuando los médicos han hecho su trabajo a fondo y no han encontrado causas funcionales en el organismo para un síntoma.

✓ Existen energías cósmicas apenas comprendidas y las líneas «ley» que se entrecruzan en la Tierra. Cualquier cosa que afecte al cuerpo físico o al cuerpo energético puede ser detectada mediante radiestesia y ser reequilibrada con «sanación con péndulo».

✓ Utiliza el péndulo como herramienta de sanación, para liberarte de maldiciones, brujería, mala suerte, magia negra, conjuros, amarres, ataques psíquicos… Pide ayuda a tu ángel de la guarda, utilizando decretos de protección. Vamos a transmutar la mala suerte en buena suerte.

✓ La alquimia de la «sanación con péndulo» transmuta bajas frecuencia en altas frecuencias, cambia las situaciones problemáticas, simplemente con un péndulo, un decreto y sobre todo, con la ayuda de tu ángel guardián.

✓ Toma un péndulo en tu mano diestra, piensa en tu problema y decreta lo que deseas conseguir al respecto. Eso es todo.

Cuanto más practiques, más dominarás esta técnica de sanación energética que se llama «sanación con péndulo».

✓ El péndulo se conectará con tu campo energético (frecuencias vibratorias) y abrirá un portal de comunicación interdimensional. Y gracias a la *inserción* de tu decreto o afirmación, se limpiarán y transmutarán los programas que crean el problema. Así de simple.

✓ Un cambio en el campo personal de energía es un cambio de vida, un cambio de programas es un cambio de vida.

✓ El trabajo de «sanación con péndulo» no lo hace el péndulo; lo hace el amor con la ayuda del ángel custodio. El péndulo solo es una «herramienta psíquica» y te muestra lo que está ocurriendo a un nivel muy sutil. El problema se resolverá a nivel energético primero y en tu vida (mente, físico, espíritu) después.

✓ Evalúa tu problema, o el estado general de salud, con un biómetro con el diagrama de niveles de energía/color/porcentajes para determinar el estado actual y cuál es su intensidad. También es necesario preguntar (radiestesia) si hay alguna emoción que sanar previa a la sanación física. En Recursos te indico dónde conseguir gratuitamente las plantillas de biómetros para trabajar en radiestesia.

✓ El color personal (radiación electromagnética) que emite cada ser humano (aura) revela su estado de salud: cian (verde azulado) es salud optima, índigo y violeta es salud relativa, blanco es previo a enfermedad, verde es problemas de salud activos. Para conocerlo basta usar el péndulo y un biómetro de energía/color.

✓Hay dos estrategias de sanción con péndulo. Una, usar un péndulo que emana luz blanca (péndulo Isis) para regresar a un estado anterior de salud. Dos, usar un péndulo que emana luz verde negativa (péndulos Osiris, Karnak o Thot) para acabar con un proceso negativo y renacer a un nuevo estado de salud.

✓Pide ayuda a tu ángel custodio para limpiar, purificar y equilibrar tu ADN, tus células, tus órganos, tus extremidades, tu cuerpo… Purifica tu cuerpo físico cuando hayas terminado con tu cuerpo psíquico y espiritual. Sana tu cuerpo físico de todas las bajas frecuencias que lo enferman y te castigan con la falta de energía, las patologías crónicas y enfermedades severas. Transmuta todo cuanto drena tu energía.

✓Pide ayuda angélica para limpiar el ADN de tu linaje familiar, hasta tres generaciones anteriores, y también para las tres siguientes generaciones. Siempre para el mayor bien de todos los implicados. Usa un biómetro con las opciones antepasados (hasta tres generaciones atrás), mis vidas pasadas, mi pasado de esta vida…

✓Y algo importante, trata de no apegarte a los resultados o respuestas, tanto si estás usando el péndulo para la sanación o para la consulta. Los deseos personales interfieren en los resultados, así que habrá que trabajar desde la equidistancia y la neutralidad. Pide siempre: «la verdad, solo la verdad».

✓A veces, las respuestas son confusas porque no todo es blanco o negro. Otras veces, el decreto o la pregunta están mal formulados, o hay varias respuestas correctas a la vez y otras veces la respuesta no está disponible en ese momento. Si haces un decreto y el péndulo no se mueve, indica un bloqueo personal. Si el péndulo se balancea sin orden, es que este no resuena con la orden o tal vez ya está resuelto o quizás no se precisa hacer ese trabajo. Pero no dudes de la efectividad de lo que estás haciendo, o anularás su efecto y malograrás el resultado. Dicho esto, siempre puedes hacer una repetición para confirmar si el resultado obtenido la primera vez parece extraño.

✓Hasta donde sé, el proceso de borrar bloqueos a los resultados deseados es la mejor técnica para conseguirlos, al despejar el camino hacia ellos y dejarlo libre de resistencias inconscientes o conscientes, internas o externas. Los bloqueos son «energía estancada» en el campo energético de las personas que requieren la purificación del amor.

✓A veces, el bloqueo energético proviene de un trauma antiguo, del pasado o de una vida anterior y lo bueno, es que este método te permite resolverlo ahora. El autor Erich Hunter lo llama: «La máquina del tiempo con el protocolo sanador del péndulo» y la idea consiste en sanar eventos pasados —que denomina «momentos semilla»— y que desencadenaron el actual problema. Eliminar residuos energéticos del pasado es la mejor manera para eliminar los problemas de raíz.

✓El protocolo de «sanación a través del tiempo» consiste en pedir a tu ángel que te sitúe en el momento semilla problemático (no necesitas saber cuándo, ni donde, ni con quién), eso es cosa suya. Una vez estás en ese momento del pasado, emites tu decreto sanador («Elimina todo trauma»), pides ser devuelto al presente y agradeces. Eso es todo. Tu mensaje energético creará el patrón de tu deseo.

✓En resumen: *Viajas* al pasado, disuelves la causa (no cambias el pasado, sino su significado) y *regresas* al presente. ¿Fácil verdad? Haces rotar tu péndulo tres veces: una para ir al momento o «momento semilla» del pasado, otra para transmutar el trauma, y una última para regresar al presente. Listo.

✓¿Para qué reparar el pasado? Para disolver el trauma de una ruptura, un abuso, un accidente, una pelea, un desengaño, una enfermedad, una pérdida, un abandono, un rechazo, una humillación… Y anular sus efectos en el presente.

✓No todo funciona siempre, ni funciona para todos. Este es un trabajo de probabilidades. Todo lo que hagas para ayudar a tu petición aumentará las posibilidades pero no las asegurará. Si la probabilidad de un resultado es muy baja, cercana a cero, entonces aumentar un cero sigue teniendo una baja expectativa de éxito. Por eso, cuánto más complementes con la acción en aquello que pides, más opciones tendrás de que suceda.

✓Refuerza tus peticiones a los ángeles con acciones en el mundo de las cosas. Haz que las cosas sucedan. Sé proactivo, no reactivo, y nunca pasivo. ¡Ayuda a que los ángeles te ayuden!

✓Hecho todo esto, eres una nueva persona, con una nueva frecuencia vibratoria, que emite nuevos mensajes al mundo y al cosmos; y por ello, te es inevitable conseguir mejores resultados, más rápido, más fácil. El cosmos te escucha y está a tus órdenes.

Raimon.

El péndulo, suspendido sobre los *chakras*, puede detectar desequilibrios energéticos en el cuerpo físico y corregirlos al instante en el cuerpo energético.

cómo equilibrar los chakras

En este capítulo, nos centraremos en la sanación y equilibrado de los *chakras* o centros de energía del cuerpo etérico. Los *chakras* son «vórtices de energía» que gestionan la fuerza vital entre las dimensiones física y etérica, son portales entre ambas densidades. Estos centros energéticos son espirales o remolinos ascendentes y descendentes y están en constante cambio.

Como seres vivos emitimos una frecuencia vibratoria que se transmite como un programa de radio al mundo donde se decodifica y manifiesta. Cada persona tiene su propia «firma energética» que esboza su estadio evolutivo y emite mensajes de luz (información) que se corresponden con sus patrones de comportamiento.

Cuando los *chakras* se bloquean, se desequilibran o desalinean, se impide el libre flujo de energía, lo que puede provocar enfermedades físicas, emocionales, mentales o espirituales. Los problemas de la vida se deben a desequilibrios energéticos en los chakras y es en estos vórtices donde empiezan. Al equilibrar los *chakras*, sanamos energéticamente las causas de nuestras dificultades.

La clave de la sanación de los *chakras,* a través de los ángeles, es pedir su ayuda para *afinar* estos poderosos centros de energía. El método de sanación que te propondré es la «sanación con péndulo» para eliminar bloqueos en los *chakras*, equilibrarlos y realinearlos para restaurar el flujo armónico y la felicidad vibrante. Utilizaremos el péndulo como herramienta espiritual para equilibrar los principales vórtices de energía.

Para que entiendas la diferencia entre *equilibrar* y *alinear*, considera que se *equilibran* cuando trabajan proporcionados en velocidad de giro e intensidad de emisión/recepción de energía. Y se *alinean* cuando están en una misma vertical o eje sin desplazamientos asimétricos a los lados.

Pero antes veamos qué dicen los ángeles.

Los ángeles responden

Los *chakras* son vórtices o ruedas giratorias de energía. Tenéis infinitos vórtices pero hay siete *chakras* principales en el eje central del cuerpo, dispuestos en la vertical, que gobiernan el cuerpo energético. Funcionan como tiroides a lado y lado del cuerpo físico, donde la energía de los cuerpos sutiles se condensa hasta materializarse en el cuerpo físico.

Chakra es la palabra sánscrita que utilizáis para referiros a las «ruedas de energía» o «vórtices de energía» radiantes que actúan como centros de la energía vital (*prana* o *chi*) en vuestro «cuerpo energético». Os ayudaremos a activarlo y equilibrarlo.

Les asignáis nombres, colores, sonidos, funciones diferentes a cada *chakra* para distinguirlos. Para nosotros son puertas a dimensiones solapadas e inseparables que trabajan al unísono. Digamos, para entenderlo, que vuestro cuerpo físico actúa como un prisma de cristal que difumina los colores de la luz. En efecto, sois prismas de luz.

Cuando uno de vuestros *chakras* se bloquea debido a un trauma mental, emocional o físico, la falta o exceso de energía… entonces aparecen problemas relacionados con ese *chakra* en forma de problemas y enfermedades. Por simpatía, el estado de un *chakra* afectará al estado de todos los demás. Cuando un *chakra* se bloquea, el resto se ve influido.

Un bloqueo es cualquier resistencia a los milagros del amor que proporciona un resultado mejor en cualquier área de la vida. Las limitaciones no forman parte de la Creación, así que han de ser por fuerza *inventados* o creados por quién los sufre. Podéis sanar y transmutar los problemas en bendiciones si seguís un curso acelerado en milagros.

Todos los problemas que afrontáis están causados por una falta de amor que se concreta en un desequilibro energético de algún *chakra;* ya sea tanto por razones presentes como pasadas, conscientes e inconscientes. Amados, podéis limpiar y transmutarlo, reequilibrando los siete *chakras* principales.

Los problemas habituales del sistema de *chakras,* a nivel energético, son: bloqueo, desequilibrio, desalineamiento, hiperactividad y subactividad… Consideradlo como «intoxicaciones energéticas». Un «vórtice energético» *desafinado* provocará problemas en la función específica que le corresponde. Es fácil saber qué vórtices necesitan atención: examinad vuestra vida, allí se proyecta todo, y descubriréis los efectos evidentes.

Los problemas empiezan en el cuerpo sutil y de ahí se trasladan a densidades más bajas. Cuando un *chakra* se bloquea, empiezan los problemas que acabaréis viendo reflejados en el cuerpo físico y en el mundo. Los bloqueos pueden proceder de esta vida o de otras vidas anteriores (*contratos y equipajes del alma, cargas kármicas, herencias familiares...*). El trabajo de sanación sobre los centros de energía borrarán los efectos visibles.

Los *chakras* gestionan la energía del cuerpo físico y es ahí donde todo toma forma. Cada problema afecta a un *chakra* y al reequilibrarlo energéticamente se consigue solucionarlo en la raíz profunda. Los problemas nunca se resuelven en la superficie.

Al equilibrar las frecuencias vibratorias de los *chakras* principales, podéis mejorar la salud y el bienestar a todo nivel. Pero la mayor ventaja es que las frecuencias armónicas de los *chakras* permiten una conexión más profunda con nosotros los ángeles.

Cuando equilibráis los *chakras*, fortalecéis los cuerpos sutiles que son los vehículos para conectar con otras densidades y dimensiones superiores. Hay otros mundos y se superponen unos a otros como en esas figuritas rusas que llamáis Matrioskas.

Podéis aprender a modificar el nivel vibratorio del cuerpo sutil para poder ajustaros a nuestras frecuencias más elevadas y también influir en la elevación planetaria que están ocurriendo en la actualidad.

Vuestras únicas tareas, aquí en la Tierra, son despertar de la pesadilla del miedo, vivir desde el amor y encontrar la verdad en este laberinto de mentiras. Tomadlo como un juego educativo. Y contareis mucha ayuda para conseguir el éxito esta gran aventura espiritual. El cosmos os contempla y admira.

Los ángeles podemos ayudaros a reequilibrar el sistema energético de los *chakras*. Pedidnos que se disuelvan todos los bloqueos, que se reequilibren entre sí y que se transmute su energía a la de la luz y el amor.

Aprended a identificar los *chakras* bloqueados mediante la meditación. Notaréis que el bloqueo de los *chakras* puede manifestarse como malestar físico o emocional. Un *chakra* corazón bloqueado puede manifestarse como la dificultad de expresar amor, afecto, ser cariñoso, incluso ¡recibir amor! Estas señales son los mensajes de vuestro cuerpo emocional que os invita a equilibrar el cuerpo energético.

Podéis conectaros con la energía angelical a través de la meditación, la oración, la visualización... o simplemente podéis expresar la intención de recibir ayuda angelical, mediante una afirmación en un área específica de la vida o en un problema concreto para recibir tanto guía espiritual como sanación.

No os preocupéis por saber cómo sucederá. Nosotros haremos que suceda. Tampoco necesitáis conocer las causas del problema para resolverlo, ni cuándo se originó, ni si empezó en esta vida o en otra anterior... Dejad eso en nuestras manos. Activad el poder de la intención y nosotros dirigiremos el proceso de transmutación allí donde sea necesario y de la forma adecuada.

Cómo llevar esto adelante

✓Necesitas hacer una puesta a punto energética a diario. Seamos claros, nuestro trabajo en este plano es limpiar, perdonar, transmutar, purificar… Si sientes que tienes una mentalidad negativa que modula tu carácter; si reconoces apegos, resistencias, aversiones, negatividad; si tu estado emocional sube y baja como en las montañas rusas si intuyes influencias ajenas a ti de personas, lugares o entidades; si tu energía se agota sin explicación… entonces es hora de hacer la «colada energética».

✓Por ejemplo:

1. Si sufres por la supervivencia, la estabilidad y la autosuficiencia, sana el *chakra* raíz.
2. Si careces de autoestima, creatividad y ausencia de deseos, sana el *chakra* sacro.
3. Si te domina la ira, el enfado, el egoísmo y la agresividad, sana el *chakra* plexo solar.
4. Si afrontas problemas en las relaciones con el abandono, las rupturas dolorosas y los desengaños, sana el *chakra* corazón.
5. Si te cuesta expresarte, recibir inspiración o abrirte a los demás, sana el *chakra* garganta.
6. Si necesitas significado, autoconocimiento y comprensión, sana el *chakra* tercer ojo.
7. Si reclamas espiritualidad, iluminación, conexión superior, sana el *chakra* corona.

✓¿Quieres probar con un péndulo? Es una de las formas más sencillas, sobre todo cuando sientes esa conexión especial con los ángeles. Ya has aprendido a usarlo desde la radiestesia para recibir respuestas inspiradas. Veamos otro modo...

✓Gracias al péndulo, puedes chequear el nivel de energía de cada *chakra* por separado, uno por uno. Puedes reestructurar tus *chakras*, uno a la vez, para alcanzar la máxima expresión como ser humano. Con la ayuda de tu ángel custodio, y usando el péndulo al decretar, vas a reequilibrar tus *chakras* para llevarlos al nivel de la armonía.

✓Cuando quieras equilibrar tus *chakras* —o limpiar tu aura o un espacio en casa—, bastará con pedirlo a tu ángel y usar el péndulo en modo emisor. Pregunta cuál es el estado de cada *chakra* y si tu péndulo se balancea a arriba y abajo (buen estado) o se balancea a lado y lado (necesita reequilibrarse). A continuación pide que reequilibre tu *chakra* con un decreto y el péndulo girará mientras hace su trabajo. Cuando termine de equilibrarlo, el péndulo se detendrá.

✓Para equilibrar los *chakras* sitúa el péndulo sobre cada uno de ellos o simplemente sobre la mano izquierda mientras mencionas cada *chakra* uno por uno. El péndulo girará en el sentido de las manecillas del reloj y se detendrá cuando esté equilibrado.

✓Toma tu péndulo en tu mano diestra y pregunta a tu ángel, repasado los siete *chakras*: «¿Hay algún bloqueo en este *chakra*?», recibirás un «sí» o un «no». Eso es radiestesia.

✓En caso afirmativo, toma tu péndulo y decreta: «Limpia y reequilibra este *chakra*». El péndulo se moverá en el sentido de la purificación y/o transmutación hasta hacer su trabajo. Eso es «sanación con péndulo».

✔Cuando se detiene, el reequilibrio estará hecho. Tu campo energético se ha limpiado de viejos patrones caducos y se ha transmutado en un nuevo programa de frecuencia más elevada. El proceso se ha completado. Agradece a tu ángel.

✔Puedes comprobar el nivel de eficacia conseguido preguntando a tu ángel: «¿Está ahora mi *chakra* ___________ libre de bloqueos y equilibrado al cien por cien?». Si la respuesta es negativa, vuelve a decretar y después vuelve a comprobarlo, y así hasta que no quede nada para purificar.

✔Este es tu trabajo en el plano material de la dualidad y la separación:

- Limpiar, limpiar, limpiar…
- Borrar, borrar, borrar…
- Purificar, purificar, purificar…
- Equilibrar, equilibrar, equilibrar…
- Transmutar, transmutar, transmutar…
- Perdonar, perdonar, perdonar…

Una y otra vez, sin fin. Si conoces el Ho'oponopono verás que la filosofía es parecida: limpiar, borrar, perdonar.

✔Recuerda, el péndulo va a moverse en el sentido de las agujas del reloj mientras trasmuta a una energía mejor. Se mueve en sentido contrario del reloj mientras sana, limpia, elimina, borra y disuelve patrones de energía conflictivos. Poco importa si empieza por sanar (eliminar) o por transmutar (cambiar).

✔Usa siempre el decreto que sientas mejor para ti. Lo que importa es la intención y no las palabras. Cuando estableces una intención comprometida, la vibración de tu cuerpo se adapta a la nueva vibración de la mente, instantáneamente lo comunica al cosmos entero y, en consecuencia, a tu cuerpo físico. Formula tu petición o comando en voz alta. Y lo más importante: pide a tu ángel de la guarda que te ayude a manifestarlo.

✓En el momento que decides hacer un cambio, se produce una metamorfosis energética que inicia una reacción en cadena. Cuando la intención se combina con el compromiso y la acción decidida, tu ángel activa las sincronicidades y, entonces, se abre la caja de Pandora.

✓Algunos ejemplos de decretos para pedir a tu ángel que equilibre los *chakras* son: «Limpia/purifica este *chakra* ahora», «Activa/abre este *chakra* ahora», «Equilibra/armoniza este *chakra* ahora»… como mantras energéticos. Te daré más al final del libro.

✓La lista de tareas que puedes realizar para empoderar tus centros energéticos es vasta: reforzar su flujo de energía, desatar su poder, neutralizar sus bloqueos y traumas, bañarlos de sonido y luz, reforzarlos con su color correspondiente, conectarlos con el Sol central y Gaia, optimizar la canalización de la energía *kundalini*, equilibrar los tres *chakras* superiores con los tres inferiores, etc.

✓Limpia tus *chakras* de todas las creencias y emociones que ralentizan o sobreexcitan su giro. Sana tus «vórtices energéticos» de todo aquello que te aleja de una vida más lograda y te impide alcanzar niveles más altos de conciencia. Las emociones suelen ser la raíz de todos nuestros problemas cotidianos al manifestarse en el mundo de la forma (pensamiento-emoción-acción-forma) porque las emociones son magnéticas.

✓Muchos problemas provienen de recuerdos pasados no sanados o no resueltos, de esta vida y de anteriores. En la actualidad, estamos reaccionando a ese antiguo trauma emocional que ha de disolverse para conseguir la paz y superar el sufrimiento del que incluso desconocemos la causa. El trabajo sobre los *chakras* es muy efectivo en esto.

✓Cuando desconozcas el origen del trauma simplemente pide a tu ángel que lo libere, sea cual sea su causa y el origen en el tiempo. Los recuerdos traumáticos no son más que información almacenada en tu campo de energía. En realidad, no te hace falta saber todo cómo llegó allí para pedir ayuda a equilibrar tu sistema de vórtices y resolverlo.

✓El *chakra* corazón, al estar en medio de tus tres *chakras* inferiores y tus tres superiores, es clave. Suele ser el que se «avería» más porque somos seres emocionales (una rara característica en el cosmos). Si no lo equilibras y revitalizas, los *chakras* superiores se verán mermados.

✓Limpiar y reactivar los *chakras* puede hacerse de mil maneras. Por ejemplo, con una sencilla visualización. Cada *chakra* responde a diferentes colores de sanación. Por ejemplo, para el *chakra* raíz, en la base de tu columna, puedes visualizar una luz roja brillante que te da estabilidad y seguridad. En el *chakra* corazón, imagina una luz verde esmeralda que proyecta el amor y la compasión desde tu pecho al mundo. Estas sencillas visualizaciones, junto con tu intención benevolente, pueden ser muy poderosas en sí mismas.

✓Mantener tus *chakras* equilibrados es clave para una vida armoniosa. Tu práctica diaria debería incluir meditaciones breves, de cinco minutos, equilibrando cada *chakra*, uno por uno, y visualizando cómo giran en equilibrio. Recuerda que mantener el equilibrio energético es un proceso continuo que nunca termina. Cada día trae una nuevas situaciones desafiantes con las que desequilibrarse y tu tarea es ajustarte sobre la marcha.

✓La «higiene energética» de los *chakras* puede ser tan simple como dedicar un tiempo cada mañana a mantener tus *chakras* armonizados. Basta con prestar atención a cómo te sientes en tu jornada y, si notas inseguridad o miedo, respira profundamente tres veces y repasa mentalmente tus vórtices energéticos para ver dónde te has *averiado*. La práctica constante, la presencia de la atención, activa tu intuición para saber sin saber cómo lo sabes.

✓El método de «sanación con péndulo» consiste en decretar la transmutación de la emoción problema colocando el péndulo sobre un «biómetro de emociones»; o si no dispones de él, redactar una lista de posibles emociones y preguntar a tu ángel, con el péndulo, una por una (y recibir un sí o un no).

✓Aplícate este sencillo protocolo de sanación emocional (*chakra* corazón) con el péndulo y asistido por tu ángel: Pregunta si hay una emoción que causa el bloqueo energético, pregunta cuál es esa emoción problema (usa el biómetro de emociones), pregunta cuál es la emoción solución (usa el biómetro de emociones), pide a tu ángel, mientras sostienes tu péndulo sanador, que te ayude en el proceso de eliminar la emoción negativa y para implantar la emoción positiva. Eso es todo.

✓La sanción energética del *chakra* corazón es muy efectiva, potente y rápida y podría evitarte perderte por muchos laberintos de terapias y psicoterapias. Dicho esto, siempre que tengas problemas, busca ayuda profesional. Nunca atravieses una crisis en soledad y sin apoyos, o trates de resolverla por tus medios, no es una buena idea.

✓Aprende a cortar «ataduras psíquicas» con parejas del pasado armonizando el *chakra* corazón. Si sientes adicción por una relación tóxica, corta el vínculo energético negativo y se resolverá la dependencia. Las «ataduras psíquicas» son cadenas mentales y energéticas que imposibilitan nuevas relaciones. Las reconocerás por la obsesión, la codependencia, su carácter compulsivo y adictivo. El vínculo romántico, en realidad, es un apego adictivo del ego que puede liberarse con el reequilibrio del *chakra* corazón.

✓Las «ataduras psíquicas» (imagina lazos energéticos entre los *chakras* y el aura de dos personas) nada tienen que ver con el amor real, sino con la falta de autoestima. Te aseguro que tu actual relación mejorará cuando cortes todas las ataduras inconscientes con parejas anteriores. Y si no la tienes, eliminarás los bloqueos que te impiden encontrar una nueva (¿Quién querría emparejarse con un *esclavo emocional* de otra persona? Nadie, ¿verdad?). Es como hacer borrón y cuenta nueva.

✓Como sé que este es un problema para muchos, aquí tienes una breve oración/petición a tu ángel para que te ayude a liberarte de la adicción romántica y pegajosa: *«Ángel de la guarda, elimina toda atadura psíquica con_______________ y restaura mi libertad emocional. Corta toda adición con esta persona. Agradezco la relación que tuvimos y la cierro ahora. Me libero de cualquier adicción energética. Las ataduras quedan cortadas, los apegos disueltos, el resentimiento cancelado, los recuerdos liberados. Y ambos concluimos cualquier contrato energético inconsciente».*

✓Pregunta a tu ángel por cada uno de tus *chakras*, uno por uno, y averigua qué *chakra* necesita eliminar bloqueos y/o una activación. Pídele que haga el trabajo de sanción energética. Un giro en sentido contrario al de las agujas del reloj limpiará tu *chakra*; y un giro en el sentido de las agujas del reloj, lo *reseteará*.

✓Coloca el péndulo sobre el área que quieres verificar, ya sea un *chakra* específico o una parte del cuerpo. Haz una pregunta clara a tu ángel, como: «¿Dónde necesita más sanación mi energía?». Deja que el péndulo se mueva, mientras te mantienes concentrado en la pregunta y sin tratar de forzar ninguna respuesta.

✓Restaura tu luz visualizando el correspondiente color del arco iris en cada *chakra* o *respirando* ese color hasta que sature el *chakra* correspondiente. Eso es un baño de energía sanadora. A la vez decreta:

- «Ángel, nutre mis *chakras* con energías, patrones y frecuencias auspiciosas y benevolentes»,
- «Ángel, eleva la frecuencia de mi sistema de *chakras* en todo su potencial»,

- «Ángel, mantén mi sistema de *chakras* positivo y equilibrado»,
- «Ángel, mantén mis *chakras* en buena salud energética».

Y concluye con un decreto o mantra tal como:

- «Mis *chakras* están libres de bloqueos, ahora»,
- «Mis *chakras* están libres de bajas frecuencias, ahora»,
- «Mis *chakras* están abiertos, limpios, alineados y equilibrados, ahora».

✓Más adelante, cuando la limpieza de tu aura y tus *chakras* sea un hábito, podrás hacerlo en cualquier parte, en cualquier momento y sin usar el péndulo. Incluso es posible hacerlo moviendo los dedos índice y pulgar. En efecto, si no dispones de un péndulo, puedes hacer el mismo trabajo con los dedos, girándolos a un lado y al otro. Si quieres que algo suceda, gira los dedos en el sentido de las agujas del reloj; si quieres deshacer algo, gira los dedos en el sentido contrario a las agujas del reloj.

✓Tu péndulo no está siempre contigo pero tu ángel sí. Decreta, ora, pregunta o pide a tu ángel. Tus decretos, lejos de ser órdenes, son instrucciones energéticas, oraciones a tu ángel de la guarda. En Recursos encontrarás una lista de decretos que propongo utilizar a diario, en un tema u otro, en cualquier lugar y momento.

✓Si no sabes qué decreto usar, inventa uno. La intención es lo que cuenta, no las palabras. Pero siempre puedes utilizar decretos comodines que se ajustan a cualquier situación, tales como: limpia, purifica, elimina, sana, trasmuta, mejora, resuelve… lo necesario. Y con esas palabras, bastará para que la inteligencia del cosmos haga lo que debe hacerse con la ayuda de tu ángel.

✓Si el concepto de *chakras* suena a algunas personas a un concepto oriental, *new age* o ajeno a su cultura y religión, les propongo enfocarse en el «sistema endocrino» que es paralelo al «sistema de *chakras*». El sistema endocrino trabaja en colaboración con el sistema nervioso. El sistema nervioso es responsable de la comunicación eléctrica en el cuerpo y el sistema endocrino es responsable de la comunicación química en el cuerpo. Las hormonas secretadas por las glándulas endocrinas se transportan a los órganos y tejidos a través de la sangre.

✓Las glándulas del sistema endocrino son también siete, en paralelo con el sistema de *chakras,* y son:

1. Pituitaria —> espiritualidad y sabiduría
2. Pineal —> intuición y revelación
3. Tiroides —> comunicación y comunión
4. Timo —> amor y conexión
5. Páncreas —> poder y éxito
6. Ovarios/Testículos —> sexualidad y creatividad
7. Suprarrenales —> supervivencia y abundancia

✓Como puedes ver, los siete *chakras,* o ruedas de energía, están ubicadas en las principales glándulas endocrinas y tienen la misma correspondencia de función. A su lado, detallo las áreas de la vida que gobiernan. Si todo es luz —la luz es energía— y la luz pura se refracta en siete colores… entonces empieza a unir los puntos y entenderás.

✓Un agradable método para equilibrar los *chakras* es el «baño de sonido» con el uso de *bija* mantras, que son sílabas sánscritas de la tradición védica. Los *bijas* se entonan en voz alta para hacer resonar los *chakras*. Los discípulos del Vedanta creen que los *bija* mantras nos conectan con la consciencia universal y que son vibraciones sagradas. Salmodia con tu péndulo en la mano para que este proyecte la energía allí donde sea necesaria.

✓Los *bija* mantras se repiten una y otra vez en salmodia, como si estuviéramos forjando hierro a golpes de martillo. Con la repetición, las frecuencias se vuelven más poderosas a la vez que alcanzan cada átomo del organismo. Ocurre lo mismo con las afirmaciones y las oraciones. El poder del «baño de sonido» es como el de las olas del mar que llegan a la playa y convierten las rocas en arena.

✓Entre los *bija* mantras o «mantras semilla» más conocidos están estos sonidos fundamentales:

1. LAM es el *bija* mantra de la abundancia en todo aspecto (espiritual, amistad, salud, finanzas, paz, supervivencia…), estabilidad y conexión con lo material. *Chakra* base.
2. VAM es *bija* mantra que activa la creatividad artística (música, letras, educación, conocimiento, memoria…), sexualidad y pasión. *Ckakra* sacro.
3. RAM es el *bija* mantra semilla de la atracción. Manifiesta aquello que es deseado, además potencia

la intención, la autoridad, el poder personal. *Chakra* solar.

4. YAM es el *bija* mantra de la protección ante el miedo. Invoca compasión y bondad, activa el amor, afecta las relaciones. *Chakra* corazón.

5. HAM es el *bija* mantra que elimina los obstáculos y dificultades. Proporciona éxitos en los proyectos y en la comunicación. *Chakra* garganta.

6. OM es el *bija* mantra que permite la verdad, es el sonido primordial. Da claridad para apreciar la verdadera realidad, activa la intuición y la unidad con la Fuente. *Chakra* tercer ojo.

7. ANG es el *bija* mantra que nos abre a la espiritualidad y a dimensiones superiores. *Chakra* corona.

Cada uno de estos mantras ayuda a activar y equilibrar la energía de los respectivos *chakras*, favoreciendo el bienestar físico, mental y espiritual. Si vas a practicar con los «mantras semilla», elige un *bija* mantra que se corresponda con la energía que más necesitas en este momento y trabaja con ese *bija* mantra con tu péndulo para saturarte de su energía o frecuencia vibratoria. Repite ese *bija* tantas veces como dispongas de tiempo cada día y revitalizarás tu cuerpo energético; el cual proyectará los efectos deseados en tu realidad material.

Raimon.

La liberación de los bloqueos energéticos en los chakras y la restauración de su flujo energético disolverá los problemas mundanos y os elevará a una era espiritual dorada.

cómo limpiar el aura

En este capítulo, nos centraremos en la «higiene energética» del aura o campo electromagnético que rodea a las personas y seres vivos. No creas que se trata de un concepto místico, es un campo electromagnético (EMF) medible. Su forma es ovalada-toroide y se extiende varios metros más allá del cuerpo físico. El centro del toroide es el corazón y es el compendio de los campos electromagnéticos de los centros energéticos que llamamos *chakras*. El aura, que puede contraerse y expandirse, revela la salud mental, emocional, espiritual y física de las personas. Algunas personas (clarividentes) pueden verla.

Los pensamientos, emociones y el espíritu se reflejan en la frecuencia del aura que refleja la energía personal y atrae/rechaza en correspondencia la energía de otras personas. Como todo en el cosmos, las auras son luz, vibración electromagnética; y por tanto, reaccionan a otras vibraciones y se influyen mutuamente.

El aura es información combinada de los cuerpos etérico y físico; y almacena la información del alma. El aura está *conectada* además con los vórtices energéticos *chakras*. El biocampo emite bio-fotones que son las emisiones de luz de todo ser vivo, sea animal o vegetal. Su intensidad, forma y color son el reflejo de la salud holística del ser.

Ahora aprenderemos a limpiarla energéticamente con la ayuda del ángel custodio.

También veremos la *influencia* de nuestros antepasados y la *herencia* de contratos del alma no resueltos, así como neutralizar la *influencia* de personas, entidades desencarnadas y lugares *cargados* con energías que son negativas y limitan nuestras posibilidades.

La idea de la sanación del aura, con los ángeles, es pedir su ayuda para afinar esta «burbuja energética» que nos rodea. Reparar sus agujeros. El método de sanación que te propondré, ya lo has aprendido, es la «sanación con péndulo» para eliminar *ectoplasmas* energéticos en el aura y repararla para una energía vibrante.

Pero antes veamos qué dicen los ángeles.

<u>Los ángeles responden</u>

El cuerpo físico no es el único cuerpo que utilizáis, pues el cuerpo energético que lo envuelve —y que llamáis «campo energético» o «aura»— es tan importante, o más, que aquel. Amados, sois unos seres multidimensionales increíbles.

El aura es el campo energético alrededor del cuerpo físico humano que incluye: el cuerpo mental, el cuerpo emocional y el cuerpo espiritual de cada persona. Es una combinación única de patrones, de programas, de energías. El aura, como campo de energía personal, es la firma energética de quien sois. Os protege y os identifica.

El aura es el campo radiante de la energía vital que envuelve el cuerpo de los seres vivos, especialmente con mayor intensidad en la cabeza. Lo reflejáis muy bien en las pinturas antiguas de Jesús, los santos, las vírgenes y los ángeles. Estáis envueltos en luz, bioluminiscencia, más o menos intensa.

El aura atrae a las personas de similar vibración para que se encuentren. También atrae a entidades no encarnadas del bajo astral que son parásitas. El aura recibe muchas influencias internas y externas y es el campo electromagnético que dirige vuestras relaciones y experiencias.

El campo energético o aura se puede percibir, medir, sanar y nutrir. Os enseñaremos cómo hacerlo porque es básico para nuestra mutua comunicación. Las personas sanadas, en todos los aspectos, lucen un aura grande, regular, luminosa y vibrante. Y conectan mejor con su ángel de la guarda.

El desequilibrio energético del aura se manifiesta con bloqueos, resistencia, debilidad, negatividad… lo que llamáis «mala suerte». Y el equilibrio energético se manifiesta con apertura, activación, elevación, energía… lo que llamáis «buena suerte». La *suerte* se la hace cada uno y es un reflejo de las energías personales.

El aura humana, también «biocampo energético», acumula experiencias, creencias, herencias, influencias… tanto mentales, como emocionales y espirituales; con origen en el presente, en el pasado, incluso en el futuro, tanto a nivel personal como a nivel colectivo. Y además, acarreáis recuerdos kármicos de vidas pasadas que son inconscientes. Es el compendio de los cuerpos físico, mental, emocional y espiritual.

Los pensamientos, emociones y vivencias que experimentáis dejan una huella energética en vuestro cuerpo sutil, influyendo de manera inconsciente en vuestro devenir. Asimismo, las influencias de vuestro árbol genealógico y los entornos y personas que frecuentáis se reflejan en vuestra «huella energética». Todo está interconectado con todo y, después, toda esa energía se manifiesta como realidad.

Todo afecta a todo en el espacio-tiempo cuántico. Lo que llamáis *universo* es en realidad el *cosmos* (universo consciente, inteligente, interconectado).

Atraéis energía negativa cuando estáis desequilibrados energéticamente o absorbéis energías tóxicas de personas o lugares; además de la que la propia mente elabora. Cuando eso ocurre, atraéis problemas y eventos negativos además de repeler los positivos. Sois a la vez, una *esponja* que absorbe y una *emisora* que retransmite. El campo energético personal emite y capta información.

La tarea es sanar el campo energético con protocolos de «higiene del aura». Si queréis hacer una única cosa para mejorar vuestra vida, que esta sea sanar vuestra aura y vuestros *chakras*. El estado de vuestra salud energética debería ser una prioridad —y un hábito ¡diario!—. Es importante limpiarla de impurezas, cualquiera que sea su origen. Amados, necesitáis limpiar vuestra aura con regularidad.

Pero la limpieza del aura no parece una prioridad, ni una necesidad, en vuestras ajetreadas vidas. Os aseguramos que es la tarea más importante para vivir una vida plena y realizada y así alcanzar la armonía. Cuidad de vuestra aura y *chakras* con el hábito de sanar vuestros centros de energía y el campo energético.

El aura es también un «escudo energético» y cuando se *estropea*, deja penetrar energías indeseables que hay que depurar. De otro modo, sois vulnerables, os sentís debilitados y desprotegidos, sois atacados y sufrís un drenado de energía vital. La solución es mantener el aura *impermeable*.

Limpiar el aura tiene efectos inmediatos en el estado energético. Es como una liberación inmediata a la opresión interna que sentís como angustia. Al purificar, los pensamientos tendrán una octava más elevada y positiva. No podemos insistir lo suficiente en la necesidad de la «higiene energética».

Pero aún no entendéis la importancia de elevar la frecuencia del aura mediante la «limpieza energética» de patrones de baja vibración. Os recomendamos la «higiene energética» del aura regular. Una vez más, el cuerpo sutil es el campo electromagnético que rodea vuestro cuerpo físico que se conoce como «campo energético» o «aura». Se relaciona con todo tipo de energías y por ello debe limpiarse con frecuencia.

Estáis afectados por vidas pasadas, por el árbol familiar, por el karma acumulado, por las personas, por los lugares… Todo intercambia información y energía con todo. Las maldiciones y las bendiciones afectan vuestro campo energético. ¿Entendéis la necesidad de hacer una purificación?

Por desgracia, la «higiene del aura» no es una de vuestras prioridades. Sí, cuidáis de vuestro cuerpo físico, pero no de vuestro cuerpo energético; y así, no tardaréis en volver a experimentar problemas de toda clase. Os enseñaremos cómo cuidar del aura y de los *chakras* para vuestra salud energética perfecta.

Sin duda, la mejor protección psíquica es una frecuencia personal elevada. Elevad vuestra vibración, eso disuelve la oscuridad y os acerca a la luz. El Amor es el mayor escudo energético al que podéis aspirar. Nuestras «espadas de luz» serán solo un recurso puntual. Pues lo que llamáis «alquimia espiritual» es la transformación debida al amor.

Otro modo de realizar la «higiene del aura» es con la meditación, la visualización y las afirmaciones o decretos. Repetid los decretos antes de meditar, cuando salís de casa, al acostaros… Y en lugares, o con personas, de baja frecuencia. Las afirmaciones cerrarán el acceso al aura del bajo astral y la abrirán del plano espiritual más elevado.

Es posible recibir información falsa desde el bajo astral. La primera norma para la consulta espiritual es aprender a discernir entre guía verdadera y falsa. Y os aconsejamos aprender a protegeros psíquicamente y discriminar las energías desde las sensaciones intuitivas.

No todas las entidades del «otro lado» son bondadosas ni sabias. Incluso los abnegados guías espirituales, seres muy avanzados que ya no precisan reencarnarse, no saben todo. Como norma, notad que la buena ayuda nunca es autoritaria ni manipuladora.

Las personas absorbéis energías, positivas y negativas, como las esponjas el absorben agua limpia y sucia. Y el aura, el «escudo de energía» que os rodea es sensible a las vibraciones externas por eso debéis reforzarla para que sea impenetrable a las influencias no deseadas.

Las personas que actúan como «esponjas psíquicas», sin saberlo son sensibles a las influencias energéticas y carecen del conocimiento necesario para mantener sus auras protegidas como es debido por lo que pueden verse perjudicadas.

Cuando alguien trata de manipularos o presionaros, puede estar atacando vuestro campo energético con «ataduras psíquicas», tales como *lazos, ganchos, amarres, maldiciones…* estas agresiones psíquicas deben ser purificadas cuanto antes.

Las personas «gafe», a las que todo les sale mal, van «de mal en peor» porque están *parasitadas* y a veces es difícil saber cómo, dónde y cuándo empezó esa influencia negativa. No importa. Qué es causa y qué es efecto da igual, son un círculo vicioso que se retroalimenta.

La impronta energética de otras personas influye en vuestro campo energético y afecta vuestra vida inconscientemente. Mantener una «limpieza energía» energética diaria es lo adecuado. Al usar afirmaciones de protección divina, el aura se fortalecerá; y con el tiempo, será impenetrable.

Aconsejamos hacer afirmaciones en voz alta al salir del hogar, antes de acostarse, al iniciar una meditación, antes de asistir a reuniones, en grandes aglomeraciones, antes de entrar en lugares de baja energía, antes y después de interactuar con otras personas desconocidas, y en situaciones desafiantes.

Afirmad: «El amor de la divinidad me protege», «La luz del amor infinito es mi protección», «Mi Creador me protege de toda influencia negativa», «El amor de Dios me rodea», «Estoy a salvo bajo la protección del amor divino»… y afirmaciones parecidas.

Una técnica poderosa que recomendamos es la visualización de la «Columna luminosa»: imaginad zambullirse en una columna de luz protectora. Es decir, visualizarse a uno mismo dentro de una esfera, burbuja o de un pilar de luz envolvente que se nutre del amor de Dios.

Otra técnica es la protección del aura mediante la visualización de las «espadas de luz» angélicas que consiste en visualizar una docena de espadas luminosas que os cubren por los cuatro costados. Mientras flotan a vuestro alrededor, cortan cualquier energía negativa que se acerque, ya sea mental, emocional o espiritual. Las «espadas de luz» angélicas representan nuestra protección.

La meditación también es un muy efectiva para elevar la frecuencia vibratoria del aura y así limpiar, sanar, purificar y reforzar el campo energético. Para ello, respirad los siete colores, uno por uno, vinculados a cada *chakra*. Imaginad que cada uno de los siete colores desciende de la columna de luz brillante, pasa por un prisma que la descompone, y satura cada uno de vuestros centros energéticos o *chakras*.

La respiración profunda es otro método de limpieza energética muy eficaz. Para ello basta hacer tres respiraciones completas y profundas. Vaciad primero los pulmones, inhalad profundamente, retened el aire unos segundos y exhalad completamente el aire. Al inhalar, visualizad como la luz del amor os satura; y al exhalar, imaginad que la luz se lleva cualquier rastro de negatividad.

Otra forma de limpiar el aura… Tomar un «baño de sonido». Podéis usar un gong, cuencos tibetanos, tambores, campanas, diapasones afinados o música de meditación. Las vibraciones de música de alta frecuencia disolverán los patrones energéticos discordantes, los «pegotes energéticos» o «mucosa astral», ya sean espirituales o mentales.

Podéis recurrir a los mantras, oraciones o sonidos de vibraciones armoniosas. Vuestro campo energético sutil responde de manera significativa a las vibraciones sonoras. Las frecuencias sonoras interactúan con el campo energético del aura de manera armoniosa, o discordante, creando patrones de energía creativa.

El sonido sagrado es de una frecuencia vibratoria que resuena con vuestro campo energético y lo modula para que sintonice con las dimensiones superiores. Armoniza el aura desequilibrada de la tercera densidad y la eleva a niveles superiores.

Siempre que recéis, o recitéis mantras sagrados, hacedlo en voz alta ya que vuestra voz es la señal que nos es fácil reconocer. Las ondas sonoras son patrones vibratorios, firmas energéticas, que conectan con dimensiones adyacentes porque resuenan en el cosmos como un tsunami energético.

Las densidades espirituales ocupan un rango de vibración diferente a las frecuencias de la densidad material. No podréis percibirlas con los sentidos. Desarrollad pues la intuición para conectar con las energías de los reinos sutiles. Todo cuanto es y será tiene su propio registro en una frecuencia vibratoria y ese es el *lenguaje* que debéis aprender.

Si resolvéis los problemas al nivel superficial de los efectos y dejáis sin resolver las causas a nivel profundo, el problema persistirá y reaparecerá. Los sentidos solo muestran una parte de los problemas, al igual que sucede con la parte visible de los *icebergs*.

Para proteger vuestra aura, podéis visualizar como los rayos del Sol (que está en conexión con el Sol central de la galaxia) limpian vuestra aura de parásitos astrales (y los desintegran), ya sean entidades negativas o patrones de pensamiento-emoción adheridos a vuestro campo áurico.

Pedid a vuestro ángel de la guarda que limpie el aura. Con esa intención y un buen baño de sol o de sonido, el ritual diario de decretos para la «higiene energética» se completa.

Seguramente conocéis esta vieja oración de protección perfecta para recitarla al acostaros por la noche y al levantaros por la mañana: *«Ángel de la guarda, dulce compañía, no me desampares ni de noche ni de día...»*. Es un decreto, y como tal, tiene fuerza de ley en el cosmos.

Si por alguna razón, sentís que habéis atraído una entidad no deseada, preguntadle si es una «entidad de luz». Si no lo es, deberá abandonaros; y si lo es, sentiréis una agradable sensación de confirmación. Preguntar es siempre es una medida de prudencia recomendable. Y después, pedid a vuestro ángel que limpie vuestra aura. Lo haremos encantados.

No temáis recibir daño de las entidades del bajo astral. Por lo general, son espíritus desorientados en el limbo que solo buscan salir de su atasco dimensional. Enviadlas a la luz. Por ejemplo, usad una micro oración como: *«Envío a la luz divina cualquier parasito psíquico adherido en mi campo energético o en mi espacio físico».*

Una forma de saber si acarreáis entidades de entre mundos son las repentinas e injustificadas emociones de baja vibración: tristeza, rabia, ira, melancolía, apatía, envidia, avaricia… Otra señal de alerta es la falta de energía que roban las entidades del bajo astral porque no pueden producirla.

Es una buena idea crear un tiempo y un espacio físico para comunicarse con nosotros. Incluso crear un «altar angélico» que represente un espacio de comunión. Un «altar angélico» con fotos felices, objetos sagrados, cristales y símbolos que invoquen amor… os ayudará a entrar en conexión con nosotros.

Un «altar angélico» os ayudará a conectar con vuestros guías espirituales y con nosotros los ángeles guardianes. Ese espacio, radiante de amor, os ayudará a limpiar vuestro espacio de influencias negativas porque será un emisor permanente de energía positiva que limpiará vuestro espacio físico y mental.

Llevad a ese espacio sagrado cualquier objeto que entre en vuestra casa y será limpiado energéticamente. Meditad frente vuestro «altar angélico» y vuestra energía será depurada de cualquier parasito del bajo astral y de cualquier pensamiento negativo. Un «altar angélico» os ayudará a sintonizar con las frecuencias angelicales de elevadas dimensiones.

«Lo similar atrae a lo similar» y lo que emite cada humano es lo que le regresa de vuelta. He aquí la razón por la que vivir en el amor, y no en el miedo, es la protección más poderosa contra lo negativo en todas las esferas. El amor es el escudo de protección más eficaz que existe frente a los planos visible e invisibles.

Las «emociones escudo» son la alegría despreocupada y la risa. Sonreíd y reíd más, nos agradan las personas risueñas porque desprenden una energía limpia que nos atrae. Reír eleva vuestra vibración y os aleja de las energías negativas que acechan en lugares tristes y problemáticos. Vuestra risa es un imán para nosotros y vuestra sonrisa es un escudo protector para el aura.

La risa es como un repicar de campanas que limpia el aura y restaura el ánimo. Sus ecos deshacen los pensamientos negativos del ego. Y la risa le comunica a vuestro cuerpo energético que todo está bien y os prepara para recibir bendiciones auspiciosas.

<u>Cómo llevar esto adelante</u>

✓Puesto que somos luz (frecuencias de vibración), podemos reequilibrarnos con luz y sonido. Nada más adecuado que la visualización y la verbalización de mantras, oraciones, afirmaciones decreto... que son formas sencillas y efectivas de limpiar el aura y devolverle su brillo y uniformidad.

✓Para limpiar energías negativas del aura, o de un espacio, sigue estos pasos: Pon el péndulo en posición inmóvil, pide que tu ángel limpie las energías negativas del aura/*chakra*. Cuando el péndulo deje de moverse, la limpieza habrá terminado. Luego, pide que aumenten las energías positivas en el aura o en ese espacio. Cuando la herramienta se detenga nuevamente, el proceso habrá finalizado.

✓Puedes utilizar una orden o petición como esta: *«Ángel, repara las irregularidades de mi aura, cubre sus agujeros, limpia las lágrimas energéticas de mi campo energético, sana los bloqueos y deshazte de influencia ajenas». O «Ángel, limpia cualquier energía de baja vibración que pueda perjudicarme. Resueno únicamente con el amor puro de la divinidad».*

✓Trabajaremos en dos pasos, o fases, para mayor claridad: primero eliminación y limpieza; después, transformación y cambio. O también, para entendernos: quitar y añadir. Y el péndulo será nuestra herramienta de transmisión. De igual modo que un locutor de radio utiliza un micrófono para transmitir su voz al éter, el péndulo transmitirá nuestras peticiones al cosmos con la ayuda amplificadora de nuestro ángel.

✓Cuando quieras equilibrar tus *chakras* o limpiar tu aura o un espacio en casa bastará con pedirlo y usar decretos y el péndulo, si es que te gusta esta herramienta espiritual. El péndulo girará mientras hace su trabajo. Cuando termine, el péndulo se detendrá.

✓El péndulo, cuando gira o se balancea, tiene una frecuencia de 1-2 Hz lo cual se acerca mucho a la frecuencia de los ritmos cerebrales Delta (1,5Hz-2Hz) durante el «sueño profundo». Como señala el autor Erich Hunter, esta coincidencia no es gratuita, ya que las ondas cerebrales Delta estimulan la hormona del crecimiento que es básica en la respuesta sanadora del cuerpo humano.

✓La hormona del crecimiento es fundamental para la regeneración, el crecimiento, la sanación, el bienestar, la energía y el sistema inmune. En resumen: creación, regeneración y protección… Se acerca mucho a lo que buscamos cuando pedimos ayuda al ángel. Por todo lo apuntado, el método de «sanación con péndulo», con ayuda angelical, es efectivo.

✓Si el estado Delta promueve la reparación del organismo, tal vez inducir una frecuencia Delta, con el péndulo, mientras decretamos, podría ayudar a crear cambios en nuestra vida. Si además este proceso de inducción de ondas Delta se acompaña de una petición sincera a la divinidad, por mediación del ángel, entonces estaríamos ante un protocolo de sanación, cocreación y transmutación.

✓En mi opinión, el método de «sanación/transmutación con péndulo» aúna diversas fuentes de poder: el poder de la intención (decretos), el poder del amor (divinidad), el poder de la luz (péndulo), el poder de la oración (petición). Y le añadiría la colaboración combinada de dos leyes: «La ley de la asunción» y «La ley de la atracción». Repito el símil de la radio que trasmite al cosmos: cada *programa* mental-emocional tiene una frecuencia en el dial de recepción cósmica y a él tendrás que aplicarte.

✓Cuando hablo de decretos me refiero a intenciones verbalizadas, lo que se conoce por afirmaciones. Decretos tal como:

- «Ángel de la guarda, limpia mi aura de todas las influencia negativas»,
- «Ángel, deshaz todos los amarres energéticos de relaciones pasadas»,
- «Ángel, limpia mi aura de entidades desencarnadas»,
- «Ángel, sana mi aura de todas las creencias falsas o negativas, sean mías o de otros»,
- «Ángel, sana mi aura de patrones emocionales negativos, sean mías o de otros»,
- «Ángel, purifica mi aura de cadena energéticas, maldiciones, amarres, apegos, encantamientos»,
- «Ángel, sintoniza mi aura a la vibración positiva del amor»

✓Como ves, los decretos-petición se componen de un destinatario, una acción (limpia, corrige, sana, purifica, armoniza, disuelve, elimina...) y un deseo. Con este esquema en mente, es fácil crear infinidad de decretos, ¡todo lo que se te ocurra! Puedes concluir tu decreto con este comodín: «Para el mayor beneficio de todos los implicados». O este otro: «Esto o algo mejor». Y uno más: «Solo si es para mi mayor bien».

✓Para entender este sistema de sanación basado en decretos (afirmaciones, intenciones, órdenes, pedidos) haré un símil informático. El uso de IA con Chat GPT precisa de una instrucción o «prompt». Los «prompts» son las instrucciones con las que los humanos hablamos con la IA. Es el modo de indicarle a la «Inteligencia Artificial» qué queremos. Cuanto más detallado es el «prompt», más exacto es el resultado obtenido. Del mismo modo, con la «Inteligencia Angélica» (IA), cada orden o decreto recibe su resultado en concordancia.

✓ Para sanar y reequilibrar el aura pide a tu ángel, con el uso del péndulo y decretos. Opera de la manera que te he explicado en el capítulo de equilibrado de *chakras* pero ahora con el aura. Es la misma técnica de sanación con péndulo pero aplicada al aura porque de hecho el aura es un gran campo toroide al igual que lo son a menor escala los *chakras*.

✓ Practica con tu péndulo como practicaría un músico con su instrumento: cada día, al menos diez minutos. La práctica lo es todo. Y no te desanimes si un día todo es confuso y parece no funcionar, todos tenemos un mal día.

✓ Crea un «altar angélico» o «espacio sagrado» bendecido por tu ángel donde guardarás tus péndulos, tus cuencos tibetanos, tus diapasones, fotos inspiradoras, tu libro más admirado… En fin, un espacio de luz donde cualquier cosa que acerques quede purificada por gracia de su luminosa emisión.

✓ Cuando uses el péndulo como herramienta de sanación, *verás* con tus ojos el trabajo de limpieza y reequilibrado del aura. Cuando tu péndulo gire en sentido contrario de las agujas del reloj el borrado de patrones erróneos habrá empezado y cuando gire en sentido de las agujas del reloj la transmutación a patrones mejores habrá empezado.

✓Si queremos sanar o transmutar cualquier aspecto de nuestra vida (salud, relaciones, finanzas…) es recomendable averiguar si es necesaria una «sanación emocional» previa. Los problemas empiezan en emociones atrapadas. Si las emociones bloqueantes quedan sin concluir las emociones bloqueantes, aparecen los problemas.

✓Para limpiar el aura energéticamente es necesario identificar y eliminar los pensamientos-emoción adheridos a nuestro campo energético que determinan lo que conseguimos en la vida. El método de «sanación con péndulo» ayuda a realizar esta higiene energética del aura de forma eficaz y rápida.

✓Este método espiritual, basado en la ayuda angelical, ahorra la psicoterapia; es decir, hace innecesario indagar en el inconsciente o hablar sobre temas dolorosos. Todo ocurre a un nivel inconsciente, sin que sean necesarias técnicas complejas de sanación psíquica porque no es un proceso mental sino energético.

✓La «sanación con péndulo» te permite descargar «mochilas familiares» que provienen de generaciones anteriores. Puedes preguntar si una dificultad o problema presente se debe a causas de linaje, saber si es de parte de la línea del padre o de la madre, y en qué generación anterior se originó. No puedes cambiar el pasado, pero sí puedes *limpiar* y *sanar* sus efectos en el presente. Basta introducir una semilla de pensamiento-emoción que mejore las probabilidades futuras.

✓Limpiar el patrón energético de tu linaje familiar, hacia atrás y hacia delante, es el mayor regalo que puedes hacer y una bendición para tus descendientes. Si no sabes dónde o con quien se originó el problema basta que pidas que sean «todas las generaciones pasadas» y «todas las generaciones futuras». Con este trabajo tú puedes convertirte en un punto de inflexión para tu linaje.

✓Hay momentos clave en la vida de tus antepasados que han afectado a toda tu estirpe o linaje. Pide que sanen esos momento-semilla que han cambiado el curso del devenir de tu familia e introduce un decreto sanador que sea para el mayor bien de todos los implicados. Eso es aumentar la luz de tu clan. Recuerda, no buscas cambiar el pasado, que no se puede; pero sí mejorar el presente y el futuro de todos los implicados.

✓Pide ayuda a tu ángel de la guarda para deshacerte de creencias que te imposibilitan la prosperidad abundante, que te impiden atraer amor verdadero, que detienen tu éxito personal y profesional, que deterioran tu salud… Pide que se desactiven y purifiquen creencias de poca valía, insuficiencia, estima. ¡Pide, pide, pide…!

✓Pide ayuda a tu ángel para que te ayude a disolver karma no resuelto, *contratos* obsoletos del alma, *herencias* familiares de patrones energéticos de vía materna y vía paterna hasta tres generaciones atrás, asuntos *inconclusos* de otras vidas anteriores, patrones compartidos del *inconsciente colectivo*… Pide que se desactiven y purifiquen todos los *anclajes* antiguos que detienen tu evolución espiritual.

✓Pide ayuda a tu ángel para deshacer cualquier disfunción de tu aura que atraiga eventos negativos y cree problemas en tu vida. Empieza por las influencias ajenas que absorbiste inconscientemente de otras personas y no te permiten ser tú mismo. Corta los «cordones energéticos» enredados con personas que no te sientan bien. Y continua después por todo acto de autosabotaje que te hayas infringido.

✓Con su ayuda, y tu trabajo personal, puedes deshacerte de miedos y fobias; ya sean conscientes o inconscientes, controlables o incontrolables, provengan de un trauma o de la imaginación, sean grandes o pequeños. No vivas con miedo nunca más, déjate ayudar porque el miedo es el mayor problema de la humanidad.

✓Con su ayuda, y tu trabajo personal, lograrás deshacerte de «ataduras energéticas» que quedan de relaciones anteriores, sean tóxicas o no, y que afectan a tus presentes relaciones de forma sutil. Pide su ayuda también para disolver ataduras energéticas con trabajos anteriores, jefes o compañeros tóxicos y negocios fracasados.

✓Con su ayuda harás borrón y cuenta nueva. Limpiarás tu pasado energético y lo sustituirás por nuevos patrones energéticos, nuevos contratos espirituales, nuevos programas mentales. No te conformes con depurar lo negativo (sanar), además es tu oportunidad para adherirte a lo positivo (transmutar). Y así, atraer mejores relaciones, mejores oportunidades profesionales, mejores amistades y una salud más robusta.

✓Si conservas recuerdos de tu pasado, antigüedades heredadas o compradas, reliquias familiares... bastará con hacer un poco de *reiki* a esos objetos para disolver el cuerpo-energía de las personas que lo poseyeron en el pasado y las podrás disfrutar sin «pegotes energéticos» antiguos. Limpia los objetos, no con un plumero, sino energéticamente con la imposición de manos. Y también ponlos delante de tu «altar angélico» y se limpiarán por inmersión en ese espacio sagrado.

✓Limpia tu péndulo cuando lo compres porque no sabes quién ha estado en contacto con él y qué energías puede llevar adheridas. Para limpiarlo, bastará con sostenerlo mientras ofrendas una sencilla oración: *«Ángel, limpia cualquier energía o influencia adherida a este péndulo ahora. Permite que emita energía de alta vibración sanadora».* Un baño de sol, de sonido, de luna o de agua no estarán de más. También puedes dejarlo un día en tu «altar angélico» o «espacio sagrado»

✓No te recomiendo entrar en lugares como: un cementerio, una comisaria, un hospital, transporte público, un centro comercial abarrotado, una funeraria, un barrio problemático, una manifestación multitudinaria… sin reforzar y proteger tu aura. Basta con darle un «baño de luz» y «comprimirla o retraerla» como una segunda piel para que no interactúe con otras auras de desconocidos afligidos.

✓Tampoco te recomiendo ver películas de terror que insertan en tu inconsciente pensamiento-emoción aterradores que alimentan tu miedo irracional. Todo eso embrutece el aura del espectador ya que las imágenes aun siendo ficticias, perforan el aura y la hacen atractiva para entidades negativas desencarnadas que se alimentan de la negatividad.

✓Aplica el sentido común y la intuición para distinguir la voz angelical de otras voces oscuras que pretendan jugar maliciosamente contigo. No tengas miedo pues esa emoción te desprotege más. Solo aplica la protección energética que te he enseñado. Con la práctica, aprenderás a distinguir la voz divina de la voz de tu ego, las voces del bajo astral y los pensamientos intrusivos de otras personas circundantes.

✓¡La dimensión espiritual tiene muchos *habitantes*! Sella tus comunicaciones espirituales con tus guías con el amor para protegerte. Protocolo de protección: abre cada comunicación con unas pocas respiraciones profundas, una relajación instantánea, una corta oración para la protección y la visualización protectora de tu aura protectora alimentada por el Amor. Este es el protocolo de la protección energética que evitará que te conviertas en una «esponja psíquica» de cualquier tipo de residuo/basura energética.

✓Tu protocolo de preparación incluye: Haz tierra con los pies descalzos (grounding) para descargar la electricidad estática y demás. Hidrátate bien para ser conductivo. Protege tu aura con un escudo energético. Conecta con tu ángel para que te asista y acompañe. Inicia el protocolo de pedido.

✓La diferencia entre una entidad astral y un ser espiritual se percibe por cómo te sientes al entrar en contacto, por la clase de mensajes que recibes y por la energía que emana. Unas te respetan y las otras te manipulan. Unas te elevan y las otras te deprimen con su densidad. El ámbito astral no es el ámbito espiritual.

✓Recuerda que puedes captar información —y absorber energía— de cuatro ámbitos: mental, espiritual, ambiental y astral. Desarrolla el discernimiento intuitivo para apreciar las sutiles diferencias.

✓Una breve e improvisada pero efectiva oración para la protección contendría decretos como:

* Estoy protegido por el Amor.
* Cierro mi aura ahora.
* Soy la autoridad en mi vida.
* Elijo la Luz, el Amor y la Divinidad.
* El Amor me envuelve.
* La luz divina es mi escudo.
* Dios me protege.
* Mi ángel de la guarda me custodia.

✓El amor es la *vitamina* que fortalece tu «sistema inmunitario espiritual», evitando que atraigas una entidad negativa y que la alimentes con el miedo que tanto les gusta. Para desconectar con lo negativo es suficiente con conectar con lo positivo.

✓Un buen consejo: la dimensión onírica es un enorme misterio, hay mucha actividad astral durante la noche y es cuando más desprotegidos estamos. El consejo es cerrar tu aura cada noche cuando te acuestes. Simplemente ordena y visualiza su cierre. Es un hábito sensato, igual que cierras la puerta de tu casa con llave o aseguras las ventanas antes de irte a dormir.

✓Tu tarea aquí en la Tierra consiste en limpiar, perdonar, borrar, sanar, purificar, reequilibrar y transmutar. Una y otra vez, sin descanso. Es así como elevarás tu frecuencia vibratoria y te elevarás a una nueva densidad. No solo para tu beneficio, sino para el beneficio de la humanidad.

✓La mejor limpieza del aura es la prevención: eleva tu frecuencia, vibra desde el amor, vive desde el amor… Solo con elevarte, como un ser humano más evolucionado en la consciencia, esquivarás las condiciones ambientales y las malas influencias. Simplemente, serás desestimado por entidades oscuras o te rehuirán. Desde esa posición, el problema desaparece y entonces no hará falta protegerse.

✓Existe un futuro mejor, lleno de suerte y bendiciones, en una línea de tiempo paralela, y está a un instante de este momento. Haz un salto cuántico a una realidad rediseñada por ti con la ayuda de tu ángel custodio. Ahora conoces un nuevo sistema de «sanación con péndulo» asistida por tu ángel, para la sanación mental, emocional, espiritual, energética y física.

✓Con la práctica constante, serás un alquimista espiritual, no para transformar el metal en oro, sino para transmutar el sufrimiento en felicidad, la esclavitud energética en libertad espiritual.

✓He preparado en Recursos, una lista de decretos (afirmaciones/órdenes/decretos), para trabajar con tu ángel y tu péndulo; pero tómalos como un ejemplo, es mejor que decretes a tu manera y estilo (¡y al de tu ángel!). Lo importante no son las palabras, sino el poder de la intención y el amor angélico que te apoya.

✓Recuerda que la luz te protege, ahora y siempre.

Raimon.

Somos vuestros creadores, nunca nos olvidamos de nuestros amados hijos. Somos los ángeles, y estamos siempre listos para protegeros y cuidaros. ¡Si tan solo pudiérais sentir cuan amados sois!

PARTE TRES

recursos

Preguntas y decretos a tu ángel, material y bibliografía

preguntas y decretos a tu ángel

Veamos cómo trabajar con tu ángel con preguntas y decretos.

En mi caso personal, trabajo del siguiente modo: a menos que tenga que enfocarme en un asunto muy concreto que sanar/transmutar o una pregunta concreta para consultar, lo que hago es mi sesión de higiene energética diaria. Para ello elijo y emito un par de decretos de cada categoría (salud, finanzas, protección...). Me toma apenas unos pocos minutos.

Para ese fin, es conveniente tener siempre a mano este libro para usar a diario las listas que seguidamente te proporciono de preguntas y decretos. Son las mismas que yo trabajo día sí y día también, no de vez en cuando. La «sanación con péndulo» es una higiene energética de carácter diario. También puedes crear un cuaderno angélico con tus lista de preguntas y decretos.

Preguntas a tu ángel:

Aquí encontrarás algunas preguntas sugeridas y algunos ejemplos de decretos, además de otros recursos que te ayudarán a trabajar en tu desarrollo personal asistido por tu ángel y usando un péndulo (por un lado radiestesia y por el otro lado «sanación con péndulo»).

Recuerda, estas preguntas son solo guías. Son solo sugerencias o ejemplos para inspirarte, no dudes en crear las tuyas, sé flexible. No hay límites a los decretos que puedes utilizar ni a sus finalidades. Todo es mejorable.

Las preguntas abiertas se responden con un sí o un no. Las abiertas se responden con ayuda de una plantilla biómetro que contiene diferentes resultados o respuestas. En la siguiente lista encontrarás tanto preguntas abiertas como cerradas. Lo normal es combinarlas.

Es determinante abordar esta práctica con una mente abierta y neutra, estar preparado para aceptar la respuesta que recibas, sea cual sea, sin forzar tu respuesta «preferida».

¿Estás listo para consultar a tu ángel?

- ¿Es esto verdad?
- ¿Qué nivel de verdad tiene esta información?
- ¿Este asunto requiere la ayuda de mi ángel guardián o de uno de mis guías maestros?
- ¿Este problema requiere sanación emocional?
- ¿Este problema requiere sanar mis recuerdos?
- ¿Cuál es la emoción subyacente que crea este problema?

- ¿Cuál es la emoción sustitutiva que acaba con este problema?
- ¿Acarreo algún sentimiento de rencor o enfado?
- ¿Este problema es de mí mismo, mi vida pasada o mis vidas anteriores?
- De uno a diez ¿cuál es la intensidad real de este problema?
- ¿El campo energético de mi aura está equilibrado?
- ¿Mi sistema de *chakras* está equilibrado?
- ¿Qué *chakras* están fuera de equilibrio o bloqueados?
- ¿Tengo algún bloqueo en este *chakra*?
- ¿Qué *chakra* tiene la solución y respuesta a mi actual problema?
- ¿Qué *chakra* necesita limpieza/energía/activarse/abrirse/expandirse…?
- ¿Qué tiene de bueno y qué puedo aprender de esta situación?
- ¿Qué debo aprender hoy para mi mayor bien?
- ¿Cuál es la bendición oculta en esta situación?
- ¿Qué cosas buenas hay en mi vida?
- ¿Qué no es perfecto y podría mejorarse en esta situación?
- ¿Qué podría ser/hacer/aprender para que esta situación se resuelva?
- ¿Qué debo hacer para que mi problema se disuelva?
- ¿Qué debo dejar de hacer para que la situación mejore?
- ¿Tengo bloqueos a la prosperidad, abundancia y manifestación?
- ¿Tengo bloqueos para encontrar a mi pareja ideal?

- ¿Tengo bloqueos para ganar el dinero que necesito?
- ¿Tengo bloqueos para descubrir el propósito de mi vida?
- ¿Tengo bloqueos para la autoestima?
- ¿Tengo deficiencias en alguna vitamina y/o mineral?
- ¿Tiene mi cuerpo niveles tóxicos de algún metal?
- ¿Este alimento/suplemento es para el mayor bien de mi salud y bienestar?
- ¿Me conviene perdonar algún suceso/persona en mi vida?
- ¿Este libro contiene verdad en su mayoría?
- ¿Este trabajo/proyecto es adecuado para mí?
- ¿El interés de esta persona por mí es sincero y honesto?
- ¿Hay alguna geopatía en mi casa o despacho?
- ¿Estoy afectado por energías del bajo astral?
- ¿Estoy bajo los efectos de algún encantamiento o maldición?
- ¿Tengo entidades negativas adheridas a mi campo energético?
- ¿Tengo entidades negativas en mi casa?
- ¿Acarreo karma de mi linaje familiar?
- ¿Este problema proviene de mí o de mis antepasados?
- ¿Este pensamiento/creencia es mío o de otros?
- ¿Tengo alguna maldición antigua sobre mi familia/linaje?
- ¿Mantengo ataduras psíquicas con alguna de mis anteriores parejas?
- ¿Cuál es el propósito de mi vida?

- ¿Cómo puedo llevar mi profesión/negocio a otro nivel?
- ¿Estoy en el camino correcto hacia mi crecimiento personal?
- ¿Debería enfocarme más en mi bienestar emocional en este momento?
- ¿Estoy permitiendo que el miedo influya demasiado en mis decisiones?
- ¿Es este el momento adecuado para hacer ese cambio importante que estoy considerando (cambiar de trabajo, mudarme, iniciar o terminar una relación)?
- ¿Debería aceptar esta nueva oportunidad que se me ha presentado?
- ¿Es beneficioso para mí dejar atrás la relación con______________?
- ¿Estoy avanzando en mi camino espiritual?
- ¿Me ayudará dedicar más tiempo a la meditación/yoga/descanso?
- ¿Estoy alineado con mi propósito de vida?
- ¿Debería prestar atención a mi salud física actualmente?
- ¿Es beneficioso para mí explorar nuevas terapias alternativas?
- ¿Me conviene intentar reconectar con alguien del pasado?
- ¿Me conviene expresar mis sentimientos abiertamente a una persona en particular?
- ¿Me conviene emprender ese proyecto que tengo en mente?
- ¿Sería bueno para mí asistir a ese evento o reunión social?

- ¿Debo confiar en ______________ a quien recientemente he conocido?
- ¿Mi carrera profesional actual es mi misión?
- ¿Debo hacer cambios importantes en mis relaciones?
- ¿He aprendido lecciones importantes de los desafíos actuales?
- ¿Necesito recibir algún mensaje urgente en este momento?
- ¿Estoy superando mis miedos y ansiedades?
- ¿Estoy tomando las decisiones adecuadas para atraer riqueza y éxito?
- ¿Debería explorar nuevas prácticas de meditación o autoayuda?
- ¿Estoy haciendo lo suficiente para ayudar a los demás?
- ¿Hay áreas en mi vida que necesitan más atención de la que les doy?
- ¿Necesito mejorar el equilibrio entre mi vida personal y profesional?
- ¿Tengo una conexión profunda contigo?
- ¿Estoy listo para el siguiente paso en mi desarrollo espiritual?

Decretos con tu ángel:

Como sabes, los decretos energetizados con el péndulo consiguen que algo tenga más opciones de suceder, para corregir un problema, para mejorar resultados, para borra o eliminar algo, para añadir o agregar algo… Vas a conseguir todo tipo de transmutaciones —que he llamado «sanación»— al modificar su patrón energético; porque el problema proviene siempre de un nivel de energía *enfermizo* y eso es lo que en realidad vas a sanar.

He estado hablándote de *decretos* (órdenes); aunque también podríamos llamarlos *peticiones* (afirmaciones) que es lo que son: una instrucción a tu ángel custodio.

Los decretos para la transmutación suelen iniciarse con palabras *gatillo* o *disparadoras* del predicado. Ejemplos de palabras *gatillo*: amplifica, aumenta, intensifica, maximiza, expande, refuerza, equilibra, armoniza, empodera, cancela, elimina, limita, disuelve, cambia, sustituye, transforma, transmuta, limpia, purifica, regenera, modifica, maximiza, minimiza, desescala, libera, disminuye, neutraliza, bloquea, suprime, protege, ayuda, activa…

Piensa primero en lo que deseas conseguir, después construye un decreto o petición que lo exprese con exactitud. A la vez, eleva tu petición a tu ángel mientras usas el péndulo como transmisor energético. Así de sencillo. Completa este protocolo de «sanación con péndulo» la previa hidratación de tu cuerpo y la protección energética de tu aura.

Al finalizar, puedes comprobar el porcentaje logrado; y si es que es bajo, repetir el proceso de nuevo hasta alcanzar un nivel alto.

Los decretos para la «sanación con péndulo» son como «medicinas energéticas», y el trabajo con el péndulo es un «tratamiento energético».

¿Estás listo para un *detox* de negatividad y bloqueos?

Protección energética:

- Ángel de la guarda, libérame de todos los contratos familiares, o de vidas pasadas, para el mayor bien de los involucrados y para siempre.
- Ángel, limpia mi aura de amarres, ataduras, maldiciones, bloqueos, apegos.
- Ángel, limpia mi aura de entidades parasitas que drenan mi energía y armonía.
- Ángel, limpia mi aura de pensamiento negativos que atraen eventos, personas y entidades indeseados a mi vida.
- Ángel, revierte toda acción consciente o inconsciente para dañarme.
- Ángel, elimina cualquier programa mental de no merecimiento y baja autoestima.
- Ángel libérame de la emoción problema: ________________ y sustitúyela por la emoción sanadora: ____________, ahora y para siempre.
- Ángel ayúdame a encontrar la información, libro, ayuda necesaria para resolver este problema____________.

- Ángel, conecta con la causa de este problema_______________ y elimínala para siempre.
- Ángel, elimina todas las formas de autosabotaje y baja autoestima en mi vida.
- Ángel, muéstrame el momento en el que empezó este problema de origen familiar.
- Ángel, limpia viejos patrones de pérdida/carencia/culpa/vergüenza de mi campo energético.
- Ángel, limpia el karma ancestral de mi línea paterna y materna.
- Ángel, aléjame de entidades extraterrestres, protégeme de la abducción y experimentación por parte de seres no humanos.
- Ángel, disipa las maldiciones, los malos pensamientos sobre mí y los ataques psíquicos conscientes o inconscientes.
- Ángel, detén todo ataque psíquico sobre mí, ahora.
- Ángel, remueve los apegos y ataduras a antiguas relaciones tóxicas de pareja.
- Ángel, neutraliza la codependecia con mi pareja/hijos/trabajo…
- Ángel, desescala la conflictividad con mis hijos adolescentes.
- Ángel, limpia los rastros de karma no resuelto y contratos del alma innecesarios.
- Ángel, protege a mis hijos del *bulling*, acoso y del adoctrinamiento escolar.
- Ángel, revierte los efectos de cualquier maldición que pese sobre mi familia y linaje.
- Ángel, transmuta el miedo por amor en mi campo áurico y sistema de *chakras*.

- Ángel, transmuta las bajas frecuencias en frecuencias elevadas.
- Ángel, libera mis emociones y pensamientos negativos.
- Ángel, transmuta todo lo negativo en mí, en positivo.
- Ángel, neutraliza cualquier clase de autosabotaje en mí.
- Ángel, elimina mi miedo a equivocarme.

Sanación energética:

- Ángel de la guarda muéstrame el estado de mi *chakra*___________________
- Ángel, optimiza la función de todos mis *chakras* y elimina cualquier bloqueo.
- Ángel, limpia cualquier bloqueo en este *chakra*.
- Ángel ajusta cada *chakra* a su frecuencia ideal.
- Ángel, (limpia, sana, abre, armoniza, fortalece, activa…) mi *chakra*___________________
- Ángel, optimiza la función de mi aura.
- Ángel, elimina la basura energética de mi aura, los bloqueos de mis *chakras* y la polución energética de mi entorno.
- Ángel, aumenta mi nivel de energía al máximo nivel posible.
- Ángel, limpia mis creencias que me separan de mi mayor expresión como ser espiritual.
- Ángel, aumenta la vibración en esta casa, habitación por habitación, a un nivel de consciencia beneficioso para los que la habitamos.

- Ángel, limpia todas las energías que he absorbido de otros y no son mías.
- Ángel, protégeme de las emociones dañinas en mi entorno.
- Ángel, transforma el rechazo y desprecio que recibí de todas las personas en aceptación.
- Ángel activa las doce hebras de mi ADN original.
- Ángel, aumenta la vitalidad de mi ADN a su máxima expresión.
- Ángel, activa la conexión angelical, con mis guías y con la divinidad.
- Ángel, activa en mí los programas de mi ser superior y su mapa de bitácora.
- Ángel, activa en mí las más altas frecuencias y patrones de energía que atraigan los mejores resultados.
- Ángel, eleva mi nivel de conciencia al mayor nivel posible en este momento.
- Ángel, transforma mi aura en un campo de vibración positiva y mantenlo positivo.
- Ángel, lleva todos mis problemas a la energía del amor y disuélvelos en su frecuencia sanadora.
- Ángel, ayúdame a reparar mi autoestima.
- Ángel, envía amor a_______________.
- Ángel, descúbreme mi misión en el planeta como semilla estelar.
- Ángel, ayúdame a conocerme mejor, respetarme por completo y entenderme a un alto nivel espiritual.

Sanación Financiera:

- Ángel de la guarda, envía un «anuncio energético» a mis potenciales clientes para que encuentren mi producto/servicio aquellos a los que les convenga y se lo puedan permitir, siempre para el mayor bien de todos.
- Ángel, protégeme de los depredadores fiscales, hazme invisible a su ansia recaudatoria.
- Ángel, protégeme y aléjame de clientes morosos, incumplidores, abusadores y gorrones.
- Ángel, limpia en mi aura los restos energéticos de mis negocios y empleos fallidos.
- Ángel, atrae a mi negocio a personas y empresas de mis misma vibración y nivel de consciencia.
- Ángel aumenta la visibilidad de mi negocio para que me encuentren fácilmente.
- Ángel envíame clientes ideales para atenderlos para el mayor bien de ambos.
- Ángel envía amor a mis clientes y a mis potenciales clientes.
- Ángel, ayúdame a resolver los problemas de mis clientes y serles de gran ayuda.
- Ángel, haz mi negocio invisible a los envidiosos, los ladrones, los *hackers*, los imitadores…
- Ángel, haz que mi negocio sea invisible para las hordas de Hacienda.
- Ángel, proporcióname inspiración e ideas para crear un negocio con corazón.
- Ángel, aumenta las sincronicidades que me conduzcan a la misión de mi vida.

- Ángel, protege mis bienes y propiedades.
- Ángel, eleva la vitalidad de mi negocio/profesión a su máximo potencial.
- Ángel, disuelve mis bloqueos a la prosperidad en mi sistema de *chakras*.
- Ángel, muéstrame los libros que me ayudarán a llevar mi negocio a otro nivel.
- Ángel, envíame inspiración para sortear todas las dificultades en mi negocio.
- Ángel, envíame a los guías espirituales perfectos para mentorizarme en mi negocio.
- Ángel, envíame a los empleados ideales para que mi negocio sea feliz.
- Ángel, sustituye mi mentalidad de escasez por una abundante.
- Ángel, elimina todas mis resistencias al dinero y a la riqueza (bienestar financiero).
- Ángel, resuelve mi antiguo karma financiero.
- Ángel, ayúdame a ayudar.

Sanación del cuerpo (energético):

- Ángel de la guarda, aumenta mi metabolismo, para que mi cuerpo funcione a pleno rendimiento y eficacia.
- Ángel, limpia y transmuta todas las células de mi cuerpo para su máximo potencial.
- Ángel, sana las frecuencias de enfermedad en mi campo áurico y en mi sistema de *chakras*.
- Ángel, ayúdame a descansar profundamente por la

noche, elimina el insomnio y repara mi organismo y energía mientras duermo para mi mayor salud.

- Ángel, optimiza mi salud digestiva en mi intestino grueso y delgado.
- Ángel, armoniza el medicamento que estoy tomando _______________________ para que carezca de efectos secundarios para mi mayor salud.
- Ángel, retrasa el proceso de envejecimiento y mantenme 20 años por debajo de mi edad cronológica.
- Ángel, armoniza con mi cuerpo todo lo que como y bebo para mi mejor provecho.
- Ángel, sana todas las intoxicaciones causadas por metales.
- Ángel, sana todas las intoxicaciones causadas por inoculaciones y vacunas de la infancia.
- Ángel, elimina todos los parásitos, hongos, mohos y bacterias patógenas en mi organismo.
- Ángel, sana mis intolerancias alimenticias, las alergias y las reacciones autoinmunes.
- Ángel, repara el DNA de todas mis células, elimina los radicales libres y la oxidación, y mantén mi sistema inmune elevado.
- Ángel, optimiza el nivel de Ph de mis células / optimiza mi sistema digestivo / optimiza mi sistema inmunitario.
- Ángel, neutraliza toda energía que promueva el cáncer y destruye todas las células cancerosas.
- Ángel, elimina cualquier patrón de cáncer en mi aura, en mi ADN, en mi karma, en mi linaje.

- Ángel, revierte las causas de deterioro de mis dientes.
- Ángel, aumenta la longevidad de mi dentadura al máximo nivel posible.
- Ángel, optimiza mi función y salud cerebral y libre de enfermedades degenerativas.
- Ángel, armoniza y suaviza los síntomas de la menopausia al mayor nivel posible.
- Ángel, mejora mi visión, actualiza la agudeza de mi vista al margen de la edad.
- Ángel, mejora mi audición, actualiza la agudeza de mi oído al margen de mi edad.
- Ángel, eleva la salud de mi campo áurico y sistema de *chakras* a su máximo potencial.
- Ángel, neutraliza los efectos nocivos en mi cuerpo de los EMF (campos electro magnéticos).
- Ángel, eleva el nivel de energía de mi hijo para que sane a todos los niveles.
- Ángel, refuerza a diario mi energía y mi salud.
- Ángel, muéstrame los alimentos y hábitos que nutren y revitalizan mi cuerpo.
- Ángel, recárgame de energía y vitalidad; para que cada célula de mi cuerpo irradie salud.
- Ángel, haz que cada respiración que tomo sea una oportunidad de salud y serenidad en mí.
- Ángel, rodéame de ambientes y personas que apoyen mi bienestar físico, mental, espiritual y emocional.
- Ángel, báñame en energía positiva y sanadora en todos los aspectos de mi vida.

Péndulos:

Puedes conseguir diferentes modelos de péndulos en Amazon, donde los encuentras por lo general a mejor precio y con diversidad de calidades. Otras tiendas online tienen, por lo general, precios superiores a calidades iguales o superiores.

Cuando tu péndulo llegue a ti, verifica a qué color/frecuencia vibra el péndulo con un biómetro de colores/frecuencias. Y pídele a tu ángel que lo limpie de la huella energética de todas las personas que lo hayan manipulado antes. A partir de ese momento no dejes que nadie lo toque. No lo lleves encima, son emisores; y protégelo en su bolsa y guárdalo a unos metros de ti.

Los péndulos suelen llevar el nombre del lugar en donde fueron encontrados. Muchos de ellos en Egipto. Los metálicos, de latón, no se *cargan* durante el trabajo radiestésico por lo que se mantienen siempre *limpios* pues se autoregulan.

Estos, los péndulos egipcios, son mi favoritos y los que yo utilizo…

Isis

Péndulo Isis: descubierto en Egipto, es de gran sensibilidad radiestésica y de rápida respuesta para cualquier trabajo de diagnóstico. Muy ligero. Incorpora varias baterías —de 4, 6, 10, 16 baterías— para amplificar su sensibilidad. A mayor cantidad de baterías o elementos, mayor capacidad de emisión.

Péndulo en honor a la Diosa Isis, su forma recuerda a la cruz de la Vida. Su vibración radiestésica se emite por la punta y es reforzada mediante acumuladores en forma de disco llamados baterías. A mayor cantidad de baterías, mayor emisión.

Emite el color radiestésico blanco, vibración beneficiosa y positiva para el organismo humano y son péndulos para diferentes usos, muy seguros para los debutantes, ideal para el aprendiz que quiera iniciarse en la radiestesia tanto para consultar como para los decretos mentales.

Es ideal para regenerar energías. El color que emite este péndulo es el blanco, que contiene todos los colores por ello este péndulo es adecuado para trabajar todos los *chakras*. El de la imagen es un Isis 4 (con 4 baterías o segmentos).

Karnak

<u>Péndulo Karnak:</u> descubierto en Egipto, es de gran sensibilidad para cualquier trabajo pero en especial los trabajos de sanación a distancia (tele radiestesia). Emana luz verde-azul. Peso mediano.

El péndulo Karnak, también conocido como "péndulo egipcio", está inspirado en la forma de las columnas de los antiguos templos egipcios, particularmente el templo de Karnak. El péndulo Karnak suele estar hecho de latón, madera o cobre, y se caracteriza por su forma alargada y estilizada, que recuerda a la silueta de un obelisco egipcio.

Este tipo de péndulo es más pesado en comparación con otros péndulos. Debido a su mayor peso, tendrá una respuesta más lenta pero más estable que los péndulos más ligeros. Este péndulo es popular por su sensibilidad y precisión. Se utiliza para la detección de energías, ya sea en el cuerpo humano (*chakras*, aura), en la búsqueda de objetos o personas, o en la armonización de espacios.

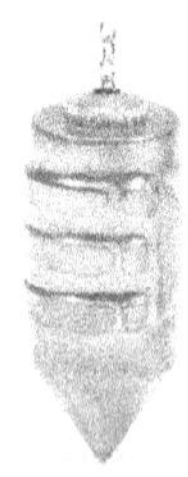

Atlante

Péndulo Atlante: descubierto en el Valle de los Reyes de Egipto. Valido para estimular los *chakras* o centros energéticos. Bastante pesado. El péndulo Atlante, inspirado en la legendaria civilización de la Atlántida, es una herramienta de radiestesia con características únicas.

Se caracteriza por su forma geométrica, cilíndrica o cónica, con grabados que representan el símbolo atlante. Se le atribuyen propiedades especiales para la conexión con energías sutiles. El péndulo Atlante puede amplificar la intuición del usuario y facilitar una comunicación más clara con planos energéticos superiores.

El péndulo atlante tiene tres funciones muy concretas: para protección, equilibrar energías y para activar la intuición. Su figura geométrica anula las ondas nocivas por eso inmuniza de maleficios de toda naturaleza. La otra gran ventaja es desarrolla levemente la percepción extrasensorial en especial las comunicaciones intuitivas.

Es también adecuado para la búsqueda de objetos, la detección de desequilibrios en el cuerpo o el aura, y la armonización de espacios y la sanación energética. El péndulo Atlante es conocido por su alta sensibilidad y precisión. Los símbolos del péndulo se asocian con el conocimiento y la sabiduría de la desaparecida Atlántida.

Osiris

Péndulo Osiris: descubierto en Egipto en honor al dios Osiris, es de gran poder energético. Emite luz verde-azul. Peso ligero o mediano. Su vibración radiesté-sica (emite por la punta) está reforzada por acumuladores en forma de disco llamados baterías. A mayor cantidad de baterías, mayor capacidad de emisión.

El péndulo de Osiris suele ser más grande y pesado en comparación con otros péndulos, lo que le da una mayor esta-bilidad. Es eficaz para sanación y limpieza energética, debido a sus cualidades de renacimiento y regeneración asociadas al mito de Osiris.

Utilizado en terapias de sanación para equilibrar energías y auras, además de purificar espacios. A diferencia de péndulos como el Karnak, que es más general en su aplicación, el péndulo de Osiris se asocia más estrechamente con la sana-ción y la purificación energética.

Debido a su mayor peso, puede tener una respuesta más lenta pero más estable que otros péndulos más ligeros. El péndulo de Osiris es bueno para la limpieza de energías negativas, más efectivo que otros péndulos no diseñados para este fin.

Nombre del Péndulo	Características	Usos o Aplicaciones
Péndulo Isis	Descubierto en Egipto, gran sensibilidad radiestésica, ligero, múltiples baterías para amplificación.	Diagnóstico, regeneración de energías, ideal para principiantes, trabajo con todos los chakras.
Péndulo Karnak	Inspirado en templos egipcios, forma de obelisco, hecho de latón/madera/cobre, más pesado.	Sanación a distancia, detección de energías, armonización de espacios.
Péndulo Atlante	Forma geométrica con símbolos atlantes, cilíndrico o cónico, bastante pesado.	Protección, equilibrio energético, activación de intuición, búsqueda de objetos, sanación energética.
Péndulo Osiris	En honor a Osiris, más grande y pesado, emite luz verde-azul, con baterías.	Sanación, limpieza energética, equilibrio de energías y auras, purificación de espacios.

<u>Mantenimiento del péndulo:</u>

Bendice tu péndulo cuando llegue a ti con una sencilla oración que servirá para programarlo: *«Activo este péndulo para que sirva a las más elevadas energías de la verdad, la sabiduría, la bondad y el amor divino. Cada vez que lo use, será en nombre de la verdad y para el bien de todos los implicados. La luz del cosmos será su energía y la luz de mi ángel su guía. Gracias».*

La limpieza enérgica del péndulo es necesaria para garantizar que funcione fidedignamente y esté protegido de influencias externas. A continuación, te presento algunos métodos de limpieza:

1. Agua y Sal: Poner a remojar el péndulo en agua salada durante unas horas ayuda a neutralizar y purificar la energía negativa. Es importante asegurarse de que el agua o la sal no dañen el material del péndulo.

2. Incienso: Pasar el péndulo por el incienso. Esta técnica de limpieza espiritual es muy utilizada para purificar objetos y espacios. El humo tiene la propiedad de disipar la energía negativa.

3. Luz del Sol o de la Luna: Exponer el péndulo al sol durante unas horas, o colocarlo bajo la luz de la luna llena, consigue su limpieza energética. La luz del sol se asocia con la purificación y la renovación, mientras que la luz de la luna tiene propiedades limpiadoras.

4. Enterrarlo bajo Tierra: La tierra es purificadora. Enterrar el péndulo durante uno o dos días, envuelto en un paño, ayudará a eliminar la energía residual.

5. Visualización y Energía Espiritual: Sostén el péndulo en tu mano y visualiza cómo una luz blanca o dorada lo envuelve, purificando su energía. Este método se basa en el poder de la intención y la energía espiritual angélica para limpiar el péndulo.

6. Baño de Sonido: Usar un cuenco tibetano, una campana o un diapasón para hacer sonidos alrededor del péndulo lo limpiará de residuos energéticos. El sonido tiene propiedades limpiadoras de energías estancadas.

7. Flujo de Agua Natural: Si es posible, coloca el péndulo bajo un flujo de agua natural, como un torrente, arroyo, o una cascada. El agua corriente en la naturaleza, no la del grifo, limpia y renueva las energías.

Ten cuidado de no estropear tu péndulo si es de material delicado como madera o metal cromado o dorado. Algunos materiales son sensibles a ciertos métodos de limpieza.

Altar angélico:

Prepara un pequeño altar o estantería sagrada. Tu «altar angélico» o «espacio sagrado» es donde se recargan tus péndulos y donde reina la luz del amor. Pasa unos minutos frente a él y haz pequeños baños de sonido.

Un «altar angélico» o «espacio sagrado» puede ser un estantería dedicada a la conexión con los ángeles y guías espirituales. Es un espacio armonioso, decorado con objetos que inspiran paz y amor. Puede incluir fotos, figuras de ángeles, cristales, textos sagrados, tus péndulos, etc.

Este espacio sagrado invita a la devoción y es un refugio para el alma además de un punto de encuentro con tu ángel.

Diagramas o Biómetros:

Descarga en esta web, gratuitamente, un set de 52 plantillas o biómetros para utilizar el péndulo en radiestesia: https://www.vibratis.org/es/52-plantillas-de-radiestesia/ Imprímelas y crea tu manual de trabajo con el péndulo.

Te recomiendo que compres el PENDULUM DECK de www.mineralflow.com porque es un buen estuche con péndulo y útiles plantillas.

Bibliografía:

- *Hay un ángel a tu lado* - Raimon Samsó
- *Dowsing: the ultimate guide* - Elisabeth Brown
- *Learn to dowse* - Uri Geller
- *Workbook new dowsing* - Brigitta Schmidt
- *How to heal with a pendulum* - Erich Hunter
- *Pendulum master* - Erich Hunter
- *Aura Dowsing* - Minkal Vaishnav
- *Heal dowsing* - Minkal Vaishnav
- *Angel inspiration* - Diana Cooper
- *Carta a Robin* - Walt Woods
- *Radiestesia y mundo espiritual* - Ramon Fenol Moreno
- *Pregunta a tus guías* - Sonia Choquette
- *Despierta tu intuición divina* - Susan Shumsky
- *Pon el cielo a trabajar* - Jean Slatter

Nota legal: *Raimon Samsó no es terapeuta, ni pasa consulta de ningún tipo. Por tanto, no hace diagnósticos médicos ni tratamientos médicos de ninguna clase. La nomenclatura de este libro utiliza la palabra «sanar» en su acepción energética y amplia pero no física. En este libro se propone la sanación energética en el cuerpo sutil, no la sanación del cuerpo físico. Si sospechas de problemas físicos, busca un buen médico y sigue sus pautas.*

Ahora disponéis de dos técnicas: radiestesia para preguntar a vuestro ángel y «sanación con péndulo» para pedirle transformación. Vuestro ángel es el Mensajero de Dios y los guías espirituales vuestros Maestros. Con este equipo celestial y estas sencillas técnicas, elevaréis vuestra vida a otro nivel.

conoce al autor

Webs de Raimon:

www.elcodigodeldinero.com

www.raimonsamso.com

www.institutodeexpertos.com

www.tiendasamso.com

http://raimonsamso.info

https://payhip.com/raimonsamso

https://linktr.ee/raimonsamso

| Raimon Samsó

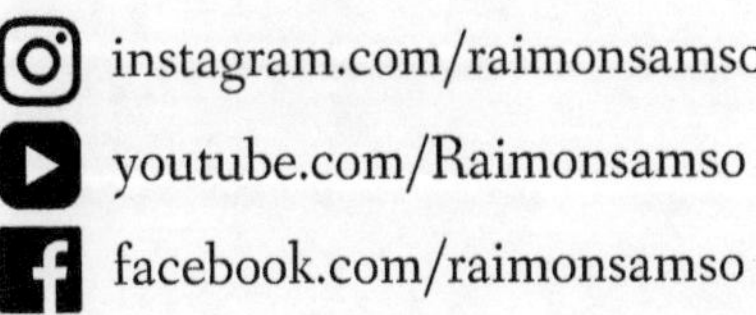

instagram.com/raimonsamso

youtube.com/Raimonsamso

facebook.com/raimonsamso

HAY UN

Ángel

A TU LADO

Conecta con tu maestro divino

RAIMON **SAMSÓ**

EDICIONES INSTITUTO EXPERTOS

www.raimonsamso.com

www.ingramcontent.com/pod-product-compliance
Lightning Source LLC
Chambersburg PA
CBHW041508010425
24364CB00048B/1028